O Conceito de Serviço
e a Constituição Brasileira

O Conceito de Serviço
e a Constituição Brasileira

2014

Pedro Casquet

O CONCEITO DE SERVIÇO E A CONSTITUIÇÃO BRASILEIRA
© ALMEDINA, 2014

AUTOR: Pedro Casquet
DIAGRAMAÇÃO: Edições Almedina, S.A.
DESIGN DE CAPA: FBA.

ISBN: 978-856-31-8261-6

Dados Internacionais de Catalogação na Publicação (CIP)
(Câmara Brasileira do Livro, SP, Brasil)

Casquet, Pedro
O conceito de serviço e a constituição
brasileira / Pedro Casquet. – 1. ed. –
São Paulo : Almedina, 2014.

ISBN 978-85-63182-61-6

1. Brasil – Constituição (1988) 2. Brasil.
Brasil 4. Poder judiciário – Brasil I. Título.

14-03318   CDU-342.4(81)

Índices para catálogo sistemático:

1. Brasil : Constituição 342.4(81)

Este livro segue as regras do novo Acordo Ortográfico da Língua Portuguesa (1990).

Todos os direitos reservados. Nenhuma parte deste livro, protegido por copyright, pode ser reproduzida, armazenada ou transmitida de alguma forma ou por algum meio, seja eletrônico ou mecânico, inclusive fotocópia, gravação ou qualquer sistema de armazenagem de informações, sem a permissão expressa e por escrito da editora.

Abril, 2014

EDITORA: Almedina Brasil
Rua Maria Paula, 122, Cj. 207/209 | Bela Vista | 01319-000 São Paulo | Brasil
editora@almedina.com.br
www.almedina.com.br

Aos que sempre estiveram presentes para tirar a terra dos meus joelhos em todas as vezes que fui ao chão e para quem decidiu segurar minha mão para que eu pudesse trilhar o restante do caminho.

APRESENTAÇÃO

Quis, quid, ubi, quibus auxiliis, cur, quomodo, quando?

O verso hexâmetro de *Marcus Fabius Quintilianus*, retirado da sua mais importante obra *Institutio Oratoria*, escrita no início do Século I, era utilizado pelo professor Romano para instigar os seus alunos a fazerem uma nova reflexão sobre os seus trabalhos e, assim, concluírem se o assunto sobre o qual haviam se proposto tratar teria sido suficientemente exaurido.

Caso tais perguntas pudessem ser formuladas sobre este trabalho, possivelmente seriam estas as respostas que a elas seriam apresentadas:

Quis (quem)? Pedro Guilherme Modenese Casquet é bacharel em Direito pela Universidade de São Paulo e foi aluno nos cursos de pósgraduação *lato* e *stricto sensu* da Faculdade de Direito da Pontifícia Universidade Católica, por onde se tornou mestre. Tem larga experiência profissional com a tributação dos serviços, que trouxe para o âmago deste trabalho, conciliando as dificuldades teóricas e práticas que tal matéria revela e propondo as situações que correspondem à evolução necessária, porém esperada pelo Constituinte para o instituto. Com texto bastante didático – amadurecido pela atividade docente – conduz o leitor com facilidade por um texto que expõe com bastante lógica questões permeadas por dificuldades teóricas e práticas e que ainda são o objeto de acaloradas discussões no meio acadêmico e dos tribunais.

O CONCEITO DE SERVIÇO E A CONSTITUIÇÃO BRASILEIRA

Quid (o quê) *Cur* (por quê)? *A Constituição Brasileira e o Conceito de Serviço* é um livro por meio do qual se busca retratar as dificuldades que a abstrusa realidade brasileira carreia para o Direito Tributário, seja pela forma como a rígida repartição de competências imposta pelo constituinte deu pouca margem ao legislador infraconstitucional para enfrentar a realidade complexa que exsurge e se consolida a cada novo dia, seja por evidenciar as dificuldades de um sistema tributário que pressupõe a existência de três esferas de governo autônomas na tributação, mas cujos reflexos e questões prejudiciais são inegáveis, ao que se propõe se apresentada a única formatação possível para o conceito de serviço conforme espelhado pelo Constituinte, sem fechar os olhos para a necessidade de sua adaptação e evolução.

Ubi (onde)? O livro busca demonstrar que o ativismo judicial é um elemento intrínseco e que permeará a conformação do conceito de serviço que atualmente se espera, sendo certo que a Suprema Corte terá um papel fundamental para, diante das questões sobre as quais já reconheceu repercussão geral, sedimentar o conceito de serviço perante a Constituição Brasileira, consolidando-o e embutindo-lhe de previsibilidade.

Quibus auxilis (com quais meios) *Quomodo* (de que modo)? *A Constituição Brasileira e o Conceito de Serviço* pretende explicitar a conformação do conceito de serviço desde os tempos da República, evidenciando os estrangeirismos que conduziram à conformação da repartição de competências estabelecida na Carta Magna de 1988; diante disso, pretende apresentar, por meio do método indutivo, o conceito que foi consolidado perante o Supremo Tribunal Federal ao longo das oportunidades em que instigado a fixar seus limites, e como estes contornos puderam se alargar diante da complexidade das relações sociais e sua evolução no cenário político-social até que, por meio do método dedutivo, propõe a necessidade de estabelecimento de um novo conceito de serviço.

Quando (quando)? Tendo em vista que o conceito de serviço é, atualmente, a pedra de toque da tributação federal e municipal e, diante dos conflitos de competência que pode geral, também tem impacto na tributação estadual, sugere-se que o estudo das suas conformações se inicie o mais brevemente possível, no que *A Constituição Brasileira e o Conceito de Serviço* tem incontáveis valores a agregar.

INTRODUÇÃO

1. Momento histórico da criação dos tributos

Partindo-se de uma perspectiva histórica quanto ao momento de criação dos tributos, pode-se afirmar que este se confunde com o nascimento do próprio Estado.

A existência de uma estrutura a ser financiada sempre demandou a identificação de fontes de recursos, os quais poderiam ser obtidos pelo uso da força (com a implementação das monarquias absolutistas), pela apropriação da riqueza de outros povos (com as guerras ou com as colonizações) ou da própria vontade do povo, cabendo ao particular, fonte originária de riquezas, transferir parcela desta ao Estado (Estados Democráticos governados pela Lei – *Steuestaat*).

A disposição do homem de viver em um Estado é apontada por Aristóteles[1] como a mais ampla das associações humanas; nascendo com a finalidade primordial do financiamento do Estado por desejo da coletividade, uma vez instituída, a tributação adquire influência sobre todos os aspectos

---

[1] Cf. EVERSON, Stephen. *Introduction in Aristotle – The Politics*. Cambridge: University Press, 1993, pp. xx-xxi: *"Aristotle's claims that the state is natural and that man is a political animal amount to the same thing. It is only as a citizen of a state that man can achieve the good life and it is this which shows that he is a political animal; he is naturally disposed to live in a state. The state is the association that allows him fully to realize his natural dispositions"*. "Aristóteles postula que o estado é natural e o homem é um animal político na mesma medida. É apenas como um cidadão de um estado que o homem pode alcançar a boa vida e é isso o que mostra que ele é um animal político, ele está naturalmente disposto a viver em um estado. O Estado é a associação que lhe permite plenamente a realizar suas disposições naturais ". (Tradução livre)

da vida social e passa a ser um instrumento para que o próprio governo expresse as suas ideologias econômica, social, política e moral[2].

O estudo da carga tributária de um determinado Estado poderá revelar a importância que a sociedade confere para o indivíduo ou para a coletividade, evidenciando seus valores de justiça social e a interferência dos mecanismos públicos para influenciá-la. Há de se recordar que na Antiguidade, os cidadãos livres, por exemplo, estavam a salvo do pagamento de tributos[3].

É o que se depreende dos ensinamentos de Marcelo Caron Baptista[4], segundo o qual "a tributação decorre, histórica e juridicamente, do dever dos cidadãos de contribuir para o custeio da atividade estatal. Dever esse, diga-se, que encontra raízes jurídicas no princípio da solidariedade social, o qual impulsiona a idéia de que todos devem colaborar para o Estado e na medida de sua capacidade".

A criação do Estado Brasileiro já seguiu a mesma lógica, tendo reproduzido grande parte do ideário português na criação/exigência dos tributos, ao que, tão logo colonizadas as terras brasileiras, já se instituiu o "quinto do paú-brasil" – forma de tributo exigido à base de 20% sobre o resultado da exploração da árvore do paú-brasil – e logo em seguida já surgiram os tributos que deveriam onerar a extração do ouro e do açúcar, tudo para manter a estrutura do Estado Português que aqui se instalava, recordando-se que, a cada baixa de arrecadação, o Estado Colonizador tinha a prerrogativa de proceder às derramas, cobrança violenta de valores para fazer frente às necessidades imediatas da máquina estatal, política esta que, como se verá, às barras da suposta legalidade, permanece existente até os dias atuais, validada pelo nosso Tribunal Constitucional.

2. Critérios e valores para formação do sistema tributário

Muitos doutrinadores se dedicaram especificamente a estudar os critérios que deveriam ser considerados na criação de um sistema tributário eficiente para atingir o seu fim (correto e suficiente financiamento das ati-

---

[2] Cf. VIOL, Andréa Lemgruber. *A Finalidade da Tributação e sua Difusão na Sociedade*. Disponível em: <http://www.receita.fazenda.gov.br/publico/estudotributarios/eventos/seminarioii/texto02afinalidadedatributacao.pdf>. Acesso em 03.12.2011.

[3] Cf. BARROS, Sergio Resende de. *Direitos Humanos: paradoxo da civilização*. Belo Horizonte: Del Rey, 2003, p. 64.

[4] BAPTISTA, Marcelo Caron. *ISS do texto à norma*. São Paulo: Quartier Latin, 2005, p. 83.

INTRODUÇÃO

vidades do Estado), critérios estes que variam de acordo com o momento histórico e a influência que se espera do Estado no desenvolvimento do bem comum[5].

O filósofo e economista Adam Smith[6], partindo de teorias voltadas ao liberalismo econômico, discorreu sobre o que se espera de um sistema tributário. Numa breve síntese, o autor afirma que: (i) os indivíduos devem contribuir para a receita do Estado na proporção de suas capacidades de pagamento, ou seja, em proporção aos seus rendimentos; (ii) o tributo a ser pago deve ser cristalino e não arbitrário; o valor a ser pago e a forma de pagamento devendo ser claros e evidentes para o contribuinte; (iii) todo tributo deve ser arrecadado da maneira mais conveniente para o contribuinte; (iv) todo tributo deve ser arrecadado de forma que implique o menor custo possível para o contribuinte.

Ao examinar os pressupostos suscitados por Adam Smith para governar a criação de um sistema tributário, José Ferreiro Lapatza[7] pondera que o direito deve sempre levar em conta sua vertente de ciência social que impõe condutas, razão pela qual deve propor medidas de política fiscal

---

[5] A expressão "bem comum" é utilizada no sentido idealizado por Alfredo Augusto Becker como "(...) o reflexo da filosofia do homem (...) que o Estado tem por finalidade proteger e desenvolver". BECKER, Alfredo Augusto. *Teoria Geral do Direito Tributário*. 3ª ed. São Paulo: Lejus, 1998, p. 164.

[6] Cf. SMITH, Adam. *A Riqueza das Nações: investigação sobre a sua natureza e suas causas*. Livro V. Tradução de Luiz João Baraúna. São Paulo: Abril Cultural, 1983, p. 247.

[7] LAPATZA, José J. Ferreiro. *Derecho Financiero: Dinero Público y Política Fiscal*. in Revista de Direito Tributário, nº 100, São Paulo, Malheiros, 2.008, pp. 79-85: "(...) el derecho tributario, en particular (y el derecho financiero en general), debiera acentuar quizás su vertiente de ciencia social 'normativa', y proponiendo medidas de política fiscal – de política jurídico-fiscal – que pueden ser tan necesarias y significativas como las propuestas económicas para alcanzar los fines de un sistema tributario que cumpla con las reglas smithianas de la imposición: economía, certeza, comodidad y justicia. Y cuando nos referimos a una ciencia jurídica normativa nos referimos, obviamente, no al 'deber ser' 'en' la norma o el ordenamiento, sino a la norma o al ordenamiento que 'deben ser'". "(...) o direito tributário, em particular (e o direito financeiro em geral), talvez devesse enfatizar o aspecto da ciência social 'nomativa', e propor medidas de política fiscal – de política jurídico fiscal – que podem ser tão necessárias e significativas como as propostas econômicas para alcançar os fins de um sistema tributário que esteja em conformidade com as smithianas de imposição: economia, da segurança, conveniência e justiça. E quando nos referimos a uma ciência normativa legal nos referimos, obviamente, não ao 'deve ser' 'na' regra ou no ordenamento, mas à regra ou ao ordenamento que 'deve ser'." (Tradução livre)

que podem ser tão necessárias ou até mais significativas que as propostas econômicas de condução da realidade social, certo que tal arquétipo deverá basear-se nos pilares maiores da economia, quais sejam, a certeza, conveniência e justiça.

Fato é que muito embora os critérios acima descritos possam ser alterados de acordo com a ideologia imbuída na criação de cada um dos Estados, o quanto exposto serve a demonstrar que a formação do sistema tributário é governada por princípios e valores, os quais, uma vez interpretados de forma sistemática, poderão ter maior ou menor influência nas decisões tomadas para a instituição/exigência de tributos.

Neste sentido é que recordamos as irônicas lições proferidas por Alfredo Augusto Becker[8] que afirmava, ainda à égide das anteriores cartas políticas que: "O instrumental revolucionários que eu – já em 1963 – analisava e recomendava como decisivo era (e continua sendo) o instrumento da Política Fiscal: o tributo. Não apenas para arrecadar meios financeiros para construir, mas o tributo também para destruir", no que é em parte seguido por Ives Gandra da Silva Martins[9] que afirma:

> Sempre defendi a tese de que o tributo é uma norma de rejeição social, visto que todos os contribuintes pagam mais do que deveriam para receber serviços públicos, porque parte substancial dos recursos carreados para os cofres governamentais objetivam manter os políticos no poder, uma burocracia geradora de dificuldades, quando não esclerosada e a corrupção, que entra, em maior ou menor escala, em todos os períodos históricos e em todos os espaços geográficos do poder.

Conclui o doutrinador[10] que "enquanto a soberania dos povos permitir ampla liberdade de tributação, nos espaços nacionais, à evidência, o mercado é vítima da imposição tributária e não seu modelador. O interesse do poder, "subordinando o interesse público", determina o "quantum" da imposição, não em face da justiça tributária para alavancar o desenvolvimento, mas conforme a necessidade dos detentores do poder, burocratas ou políticos".

---

[8] BECKER, Alfredo Augusto. *Carnaval Tributário*. 2ª ed. São Paulo: Lejus, 1999, p. 19.

[9] MARTINS, Ives Gandra da Silva. *Aproximação Dos Sistemas Tributários*. Revista Tributária e de Finanças Públicas, v. 63, RT: 2005, p. 315.

[10] Ibdem, Ibdem.

INTRODUÇÃO

Especificamente no Estado brasileiro, a última Carta Magna promulgada, conhecida como a Carta Social, foi bastante minuciosa e tratou das garantias do cidadão de forma bastante extensa, contemplando seus direitos sociais e também impondo fortes limites à atuação do Estado no respeito ao indivíduo e ao seu patrimônio.

3. Rigidez de competências como valor da atual Constituição

Neste contexto, a Constituição da República de 1988 tratou de assegurar uma rígida repartição tributária[11], delimitando os rígidos contornos sobre os quais deveria trabalhar o legislador ordinário, reduzindo a praticamente zero a possibilidade de criação de tributos que não estivessem previstos no texto constitucional ou que se ampliassem as matrizes de incidência daqueles já previstos no Texto Maior[12].

Isso porque o Texto Magno atual surge em momento histórico que, como dito, havia o anseio de proteção das garantias individuais do cidadão, especialmente em questões relacionadas ao seu patrimônio, ao que a rígida repartição das competências contidas no texto constitucional é a materialização do sobreprincípio da segurança jurídica, posto que impede a ação injustificada do Estado na exigência de valores desprovidos de aprovação popular, por meio de seus representantes (Congresso Nacional). Como conclui Heleno Taveira Torres[13]:

No constitucionalismo do Estado Democrático de Direito, o 'tributo' torna-se elemento do ordenamento jurídico por ser exclusivamente depen-

---

[11] Cf. CARRAZZA, Roque Antônio. *Curso de Direito Constitucional Tributário.* 24ª ed. São Paulo: Malheiros, 2008, p. 502: "A Constituição, ao discriminar as competências tributárias, estabeleceu (...) a norma padrão de incidência (o arquétipo, a regra-matriz) de cada exação Noutros termos, ela apontou a hipótese de incidência possível, o sujeito ativo possível, o sujeito passivo possível, a base de cálculo possível, a alíquota possível, das várias espécies e subespécies de tributos. Em síntese, o legislador, ao exercitar a competência tributária, deverá ser fiel à norma-padrão de incidência do tributo, pré-traçada na Constituição".

[12] Exceção feita à União, à qual foi facultada a criação de impostos não previstos na Constituição, mediante lei complementar (de quórum de votação qualificado), conforme ÁVILA, Alexandre Rossato da Silva. *Curso de Direito Tributário.* 4ª ed. Porto Alegre: Verbo Jurídico, 2008, p. 100.

[13] TORRES, Heleno Taveira. *Direito Constitucional Tributário e Segurança Jurídica.* 2ª ed. São Paulo: RT, 2012, p. 461.

dente da lei e da Constituição, não mais como um ente ontológico, mas como típica 'norma jurídica'. Um instituto regulado integralmente pela Constituição e por leis que só colhe aplicação na forma de norma jurídica.

Por esta razão o doutrinador conclui[14] que "todo sistema tributário constitucionaliza-se em submissão ao plexo de competências e de princípios que passam a definir o conteúdo do Sistema Constitucional Tributário", o que explica as razões pelas quais a atual Carta Política instituiu rígido sistema de repartição de competências e, mais, aprofundou-se em detalhamento extremo sobre como tais competências deveriam ser desenvolvidas, para que houvesse pouca margem de manobra para o legislador ordinário constitucionalizar normas que com o Texto Maior não se pudessem compactuar[15].

Portanto, sob o fundamento de que o poder de tributar não é um poder de força, mas um poder juridicamente delimitado segundo as competências legislativas autorizadas pela Carta Magna é que se passará a examinar o detalhamento da hipótese de incidência formulado pelo texto constitucional, em todos os seus aspectos de composição, até que se atinja o esmiuçar necessário da hipótese de incidência do Imposto sobre Serviços, cujo objeto se faz necessário para que se atinjam as conclusões pretendidas neste trabalho.

4. O detalhamento da hipótese de incidência na Carta Magna

Elizabeth Nazar Carrazza[16], ao tratar do assunto, afirma que na edição das leis, aquele que é responsável por sua elaboração deve buscar na própria Carta Magna (i) o fato ou conjunto de fatos sobre os quais poderá incidir o tributo; (ii) os limites do ato discricionário praticado na escolha do sujeito passivo da exação (contornos do aspecto pessoal); (iii) a validade espacial, as circunstâncias do lugar da ocorrência do fato imponível e o recorte temporal que poderá escolher para fazer valer a exação. A isso acrescenta

---

[14] Ibdem, Ibdem.

[15] No mesmo sentido, cf. SCHOUERI, Luis Eduardo. *Direito Tributário*. São Paulo: Saraiva, 2009, p. 247.

[16] CARRAZZA, Elizabeth Nazar. *O Imposto sobre Serviços na Constituição*. Dissertação de Mestrado apresentada na Pontifícia Universidade Católica de São Paulo, na área de concentração de Direito Tributário, sob orientação do Professor Geraldo Ataliba. São Paulo, 1976, p. 1.

INTRODUÇÃO

Roque Antonio Carrazza[17] que também o aspecto quantitativo do tributo já deve ter sido previamente delimitado pelo Constituinte.

Isso porque, conforme advertido por Luis Eduardo Schoueri[18], "não haveria razão para o constituinte ter repartido as competências tributárias", ao que, tendo o feito, "importa buscar compreender quais foram os critérios que ele adotou". Assim é que se conclui que a ampla definição dos critérios da hipótese de incidência é a consequência maior do sistema rígido de repartição das competências tributárias, como afirma Geraldo Ataliba[19]:

> Conforme um tributo se configure como inserto numa ou noutra categoria, as conseqüências serão diferentes. No Brasil, é de fundamental importância proceder com rigor na tarefa de identificar as peculiaridades de cada espécie, porque a rigidez do sistema constitucional tributário (v. nosso Sistema constitucional tributário brasileiro, RT, 1990, Capítulo 1) fulmina de nulidade qualquer exação não obediente rigorosamente aos moldes constitucionais estritos.

Esta conclusão conduz Roque Antonio Carazza[20] a afirmar que "a Constituição fixou o arquétipo de toda e qualquer regra-matriz de incidência tributária, determinando os espaços semânticos a serem observados pelas pessoas políticas quando a institui".

Assim, reforçada a premissa que será utilizada neste trabalho – de que a Constituição deixou pouca margem ao legislador ordinário para inovar na fixação das competências tributárias – é que se buscará definir os conceitos utilizados pela Carta Magna para a fixação dos conceitos por ela exarados na criação da hipótese de incidência dos tributos desenhados em seu arquétipo.

---

[17] CARRAZZA, Roque Antonio. *Curso de Direito Constitucional Tributário*. 19ª ed. São Paulo: Malheiros, 2004, p. 621.

[18] SCHOUERI, Luis Eduardo. *Direito Tributário*. São Paulo: Saraiva, 2009, p. 238.

[19] ATALIBA, Geraldo. *Hipótese de incidência tributária*. 6. ed. São Paulo: Malheiros, 2002, p. 124.

[20] CARRAZZA, Roque Antonio. Curso de Direito Constitucional Tributário. São Paulo: Malheiros, 2003, p. 311-312.

5. O uso de conceitos pela Carta Magna na definição de competências

No entanto, muito embora o Texto Magno tenha pormenorizado a concepção de incidência tributária, a apresentação de conceitos incertos, cuja definição deve ser buscada por meio de outros critérios de interpretação, seja a partir de sua interpretação histórica, sistemática ou até mesmo por meio de conceitos extraídos do Direito Privado, dá ensejo a todo tipo de investida[21] dos entes tributantes, especialmente no Brasil, em que, historicamente, a máquina burocrática se mostra bastante inchada e há notório desperdício de recursos públicos, ao que as fontes de recursos precisam ser renovadas a todo o momento.

Além disso, como doutrina Alf Ross[22] *"la mayor parte de las palabras son ambiguas, y que todas las palabras son vagas, esto es, que su campo de referencia es indefinido, pues consiste en un núcleo o zona central y un nebuloso circulo exterior de incertidumbre"*, não havendo como se taxar inequivocamente os conceitos empregados pelo texto constitucional.

Por esta razão é que já é possível encontrar o entendimento que sustenta que a inafastabilidade da denominada jurisdição constitucional, pela qual o Poder Judiciário seria constantemente chamado a melhor delimitar os conceitos contidos na Constituição Federal, quando a doutrina, os entes fazendários e os contribuintes não pudessem se alinhar quanto aos seus atributos.

---

[21] Hugo de Brito Machado destaca que a falta de definição dos limites de exigência dos tributos imposto faz com que todo tipo de fato ocorrido possa ser indevidamente trazido para dentro do critério material de incidência, asseverando que "esse âmbito constitucional deve ser detalhado, explicitado, de sorte a evitar que os legisladores (...) estabeleçam tratamentos diferentes, como atualmente está se verificando com a lei de alguns Municípios colocando entre as hipóteses de incidência do ITBI a promessa de compra e venda, que nos parece estar fora do âmbito constitucional desse imposto" (*Curso de Direito Tributário*. 30ª ed. São Paulo: Malheiros, 2009, p. 399). O doutrinador cita ainda outro registro histórico: "Registre-se, porque de fato ocorreu recentemente, a pretensão de cobrança do ITBI sobre a venda de ações de sociedade anônima, proprietária de imóveis. Tal pretensão não tem nenhum fundamento jurídico. (...) A transferência das ações ou quotas de uma sociedade comercial, na verdade, transfere a titularidade da pessoa jurídica, não os bens que integram o patrimônio desta, não se fazendo por isto anotação nenhuma no registro imobiliário competente" (Op. Cit. p. 400).

[22] Ross, Alf. *Sobre el derecho y la justicia*, Buenos Aires: Eudeba, 1963, p. 130. "A maioria das palavras são ambíguas, e que todas as palavras são vagas, ou seja, o seu campo de referência é indefinido, uma vez que consiste em um núcleo ou zona central e um nebuloso círculo externo de uma incerteza" (Tradução livre)

INTRODUÇÃO

Nesta linha de argumentação é que, por exemplo, João Maurício Adeodato[23] afirma que o texto amplo da Constituição não deveria fornecer uma norma jurídica propriamente dita, mas o embrião interpretativo para que esta possa se formar diante de cada um dos casos concretos.

A opinião autor em questão é corroborada por Lenio Luiz Streck[24], o qual propõe uma jurisdição constitucional gradual e controlada, que possa canalizar a complexidade social, sem apego à dogmática jurídica tradicional que destemporaliza o Texto Magno.

A proposta dos doutrinadores que defendem de forma mais veemente a necessidade de robustecimento da jurisdição constitucional, baseia-se no fato de que, no Brasil, a última Carta Magna surgiu num momento em que o Estado precisava se mostrar mais garantidor dos direitos dos cidadãos, tendo sido elaborada uma Constituição minuciosa, mas que, com a rápida evolução das relações sociais, tornou-se defasada.

Levar-se ao limite a hipótese de que o texto constitucional deve ser absolutamente rígido e que seus limites interpretativos já foram seguramente conferidos pelo Constituinte originário representaria dizer que, a cada par de anos, seria necessária a edição de um novo texto maior, hipótese que não se coaduna com a pretensão de um texto rígido e que se altera com um processo bastante complexo, ao contrário dos países em que as Cartas Políticas são mais amplas e permitem uma interpretação mais casuística[25].

---

[23] ADEODATO, João Maurício. *A Retórica Constitucional – Sobre tolerância, Direitos Humanos e Outros Fundamentos éticos do Direito Positivo.* 2ª ed. São Paulo: Saraiva, 2010, p. 199. Afirma o doutrinador que: "o texto normativo genérico previamente dado, elaborado pelo poder legiferante, não constitui a norma jurídica (..), mas apenas fornece um ponto de partida para sua construção diante do caso. Isso, como se verá, não é uma pregação missionária por um aumento de importância do poder judiciário, mormente sua cúpula, nem uma tentativa de combate a esse fenômeno, mas sim uma simples verificação".

[24] STRECK, Lenio Luiz. *Jurisdição constitucional e hermenêutica – uma nova crítica do direito.* Porto Alegre: Livraria do Advogado, 2002, p. 213.

[25] Importante explicitar, até em razão da amplitude do debate científico, que a conclusão pela necessidade de uma Constituição que se atualize em conceitos não é unívoca na doutrina brasileira. Neste sentido, defendendo a corrente de que os conceitos contidos no texto constitucional devem ser buscados de acordo com o conceito idealizado pelo constituinte à época da promulgação do texto, confira-se COSTA, Alcides Jorge. Direito Tributário e Direito Privado. In: Machado, Brandão (coord.). *Direito Tributário: estudos em homenagem ao Prof. Ruy Barbosa Nogueira.* São Paulo: Saraiva, 1984, pp. 224-225, para quem: "(...) inexiste entre nós

6. Proposições para solução do problema

Com efeito, diante da incontestável necessidade de conciliação entre um texto predominantemente rígido, apto a regular as relações sociais cada vez mais complexas, é que João Maurício Adeodato propõe como solução, em primeiro lugar, o desapego à necessidade de uma teoria universalista e reificadora, mas uma análise concreta e construtivista; ao mesmo tempo, o doutrinador critica a cultura de que as decisões judiciais criam apenas indícios do Direito que será aplicado em outros casos semelhantes, o que denominou "dados de entrada"[26]. Afirma que:

> Dito de outra maneira, o problema aparece mais claramente quando se tenta estender essa concepção hermenêutica para além de um mero precedente, vinculatório ou não, indo além do 'realismo norte-americano' de um Jerome Frank ou do 'decisionismo' de um Carl Schmitt, tentando uma 'racionalidade' mais segura. Pois a racionalidade do novo positivismo pretende-se um tanto funcional quanto substancial, isto é, não apenas tecnicamente efetiva como também construtora da legitimidade do Estado constitucional e social de direito e da democracia.

> Ademais, Adeodato assinala que a concretização da norma não pode e não deve ser concentrada na autoridade judicante – ainda que reconheça seu papel central na teoria pós-positivista – porque a tradição brasileira aponta para uma Suprema Corte que pende entre a reificação racionalista e os casuísmos irracionalistas e, assim, não cumpre com seu papel dirigente na pacificação social e na previsibilidade das decisões[27].

---

sequer a possibilidade de discutir se os conceitos e institutos de direito privado mencionados na Constituição Federal devem ou não ser recebidos como tais pelo direito tributário. Mas não é só. A União detém o monopólio legislativo no campo do direito privado (...). Se, no uso de sua competência legislativa, a União alterar os conceitos de direito privado de que usa a Constituição para discriminar as fontes de receita tributária, esta alteração será irrelevante no campo do direito tributário. Se assim não fosse, a partilha destas fontes entre União, Estado e Municípios ficaria ao alvedrio do legislador federal ordinário, pelo menos em parte. Em suma, os institutos, conceitos e formas de direito privado, utilizados pela Constituição para definir ou limitar competências tributárias, será (sic) os existentes ao tempo em que a Constituição foi promulgada ou emendada, sendo irrelevantes alterações posteriores".

[26] ADEODATO, João Maurício. *A Retórica Constitucional – Sobre tolerância, Direitos Humanos e Outros Fundamentos éticos do Direito Positivo*. 2ª ed. São Paulo: Saraiva, 2010, p. 207.

[27] Idem, Ibidem, , p. 211.

INTRODUÇÃO

7. Escopo do trabalho

Neste trabalho, pretende-se estudar as formas e os processos hermenêuticos que devem ser tomados pelo Poder Judiciário na interpretação das normas no sentido de se lhes atribuir os conceitos, mas também retratar uma realidade, na qual o Supremo Tribunal Federal, por meio de seu plenário, tem sido constantemente chamado a decidir lides em que necessariamente tem de enfrentar conceitos e principalmente sua evolução, como são os casos da "receita bruta", "faturamento", "prestação de serviços", estes apenas para relacionar aqueles afetos à matéria tributária.

Nestes casos, o Supremo Tribunal Federal tem se deparado com a dificuldade de unificar e conciliar o quanto supostamente pretendido pelo constituinte originário com a complexidade da atividade produtiva mais recente, tomando em conta a impossibilidade de desconfiguração do arquétipo tributário pressuposto pelo Texto Magno, mas também sem criar distorções que possam interferir de forma determinante nos agentes de mercados, criando concorrência desleal e/ou deixando o Estado sem seus recursos básicos.

Portanto, o que se pretende demonstrar é que, para que seja refletida nas decisões judiciais a evolução nos conceitos – de acordo com o enriquecimento das relações sociais -, é necessário que a doutrina e os julgadores estejam afetos a tal complexidade, para que bem possam retratá-la, e, assim, possam estar atentos às suas preconcepções no momento de avaliar os conceitos contidos no Texto Magno, conforme doutrina Lenio Luis Streck[28].

Neste sentido é que se demonstrará o papel dos princípios como vetores que serão utilizados pelo intérprete, fazendo-se antes os apontamen-

---

[28] STRECK, Lenio Luiz. *Jurisdição Constitucional e Hermenêutica*. 2ª ed. Rio de Janeiro: Forense, 2004, p. 209. Afirma o doutrinador que: "Desse modo, sendo um texto jurídico (cujo sentido, repita-se, estará sempre contido em uma norma que é produto de uma atribuição de sentido) válido tão-somente se estiver em conformidade com a Constituição, a aferição dessa conformidade exige uma pré-compreensão (*Vorverständnis*) acerca do sentido de (e da) Constituição, que já se encontra, em face do processo de antecipação de sentido, numa co-pertença entre 'faticidade-historicidade do intérprete e Constituição-texto infraconstitucional'. Não se interpreta, sob hipótese alguma, um texto jurídico (um dispositivo, uma lei etc.) desvinculado da antecipação de sentido representado pelo sentido que o intérprete tem da Constituição. Ou seja, o intérprete não interpreta por partes, como que a repetir as fases da hermenêutica clássica: primeiro compreende, depois interpreta, para, finalmente, aplicar".

tos sobre a interdisciplinaridade do Direito Tributário e da necessidade de sua conformação com as demais áreas do Direito, para que, posteriormente, se possa demonstrar a evolução do conceito de "prestação de serviço" e a impossibilidade de alteração do seu fundamento sem uma extensa revisão do texto constitucional e das competências tributárias por ele atribuídas, demonstrando os reflexos da sua definição na arrecadação da União e dos Municípios.

Capítulo I
Autonomia do Direito Tributário na Delimitação de seus Próprios Conceitos

I. 1. Caráter econômico dos fatos submetidos à tributação

Tendo em vista que o surgimento da tributação é vinculado a uma das formas de financiamento do Estado, há de se ter como premissa que a tributação deverá se fundar sobre a ocorrência de fatos com caráter econômico para que deles possa ser extraída parcela da riqueza manifestada.

Neste esteio, todo fato tido como gerador de riqueza deverá ser objeto de interpretação para que se possa concluir a possibilidade de sobre ele incidir a ocorrência tributária prevista na regra matriz, extraindo-se dela todo o conteúdo possível, conforme doutrina Paulo de Barros Carvalho[29].

Ocorre que a extração de todo conteúdo possível da norma não deverá ser uma atividade irremediavelmente aberta, para que sejam indiscriminadamente apontadas situações sobre as quais devam recair seus ditames, mas deve ser uma interpretação técnica, lastreada nos conceitos comumente aceitos pela doutrina e jurisprudência ao longo dos anos.

---

[29] CARVALHO, Paulo de Barros. *Direito Tributário: linguagem e método.* São Paulo: Noeses, 2009, p. 131.

I. 2. Interpretação dos fatos de onde se extrairá o substrato econômico

Como apontado por Eros Roberto Grau[30], a interpretação do Direito deve se dar como a interpretação de uma ópera por músicos de uma orquestra: se é verdadeiro que duas orquestras interpretarão de forma diversa uma sinfonia – ao que se confirma a teoria de que o Direito não é uma ciência exata em que as premissas podem ser classificadas em falsas/verdadeiras –, não há como se afastar que ambas as interpretações serão rigorosamente técnicas e voltadas a extrair aquilo que o criador da sinfonia (norma, no nosso paradigma) buscou transmitir.

O intérprete deve harmonizar, portanto, a rigidez do texto e a elasticidade da interpretação, buscando identificar aquilo que já existia previamente em sua redação[31]. Isso não significa dizer que seu papel seja passivo diante do texto da norma, mas sim, construtivo, com base em sua experiência colateral. A rigor, trata-se de uma escolha interpretativa realizada pelo exegeta, calcada na mais absoluta prudência que deve pautar os seus atos. Em outros termos, significa dizer que é a "sentença como criação, ou seja, como escolha entre alternativas possíveis, sem rompimento irreversível com a ideia de sentença vinculada à lei[32]".

I. 3. As definições do Direito Privado como embriões dos conceitos de Direito Tributário

Neste sentido, retomando-se o raciocínio iniciado neste tópico, tendo em vista que do fato deve ser extraído o seu conteúdo econômico para que tenha reflexos na seara tributária, há de se cogitar buscar os conceitos envolvidos nestes fatos sempre a partir do Direito Civil ou do Direito Comercial, conclusão esta que apressadamente se pode ter como absoluta, também por força do quanto disciplinado pelo artigo 110, do Código Tributário Nacional:

---

[30] GRAU, Eros Roberto. *Ensaio sobre a interpretação/aplicação do Direito*. 2ª ed. São Paulo: Malheiros, 2003, p. 30.

[31] Cf. GRAU, Eros Roberto. Atualização da Constituição e mutação constitucional (art. 52, X, da Constituição). In *Revista Acadêmica da Escola de Magistrados da Justiça Federal da 3ª Região*, ano I, nº 1, p. 60.

[32] DERZI, Misabel Abreu Machado. *Modificações da Jurisprudência no Direito Tributário*. São Paulo: Noeses, 2009, p. 106.

A lei tributária não pode alterar a definição, o conteúdo e o alcance de institutos, conceitos e formas de direito privado, utilizados, expressa ou implicitamente, pela Constituição Federal, pelas Constituições dos Estados, ou pelas Leis Orgânicas do Distrito Federal ou dos Municípios, para definir ou limitar competências tributárias.

No entanto, hoje é entendimento pacífico na doutrina que o Direito Tributário e o Direito Civil são partes inter-relacionadas de uma única ordem jurídica, o que faz com que cada uma das matérias não invada o campo de atuação da outra, evidenciando-se uma carga de igualdade, e não de sobreposição.

Este entendimento, no entanto, apenas veio se formar a partir do início do século XX, na Alemanha, em que se passou a sustentar a autonomia e independência do Direito Tributário em relação ao Direito Privado.

Como explica Luis Eduardo Schoueri[33], tendo em vista que o Direito Tributário seria informado pela capacidade contributiva, corolário da igualdade, caberia reconhecer que a hipótese tributária não se vincula às estruturas de Direito Privado. A matriz de incidência "previa, ao contrário, fenômenos econômicos, cuja ocorrência, por sua vez, seria investigada independentemente da validade dos negócios jurídicos celebrados entre as partes".

Portanto, as definições no Direito Tributário devem guardar seu embrião no Direito Privado, mas devem respeitar o seu conteúdo econômico subjacente, como se analisará de forma mais detida adiante, para que também se demonstre o equilíbrio que deve ser encontrado entre a forma e o substrato econômico, sem que qualquer das alternativas tenha relevo inaplicável no conteúdo das definições.

I. 4. A origem dos conceitos do Direito Tributário

O radicalismo da teoria da consideração econômica foi obtemperado para que hoje se forme a concepção de que cabe ao intérprete verificar se o legislador (ou o constituinte) levou ou não em conta as estruturas de Direito Privado na formulação da obrigação que emana do texto legal e, caso exista menção a um signo que possa ser encontrado também em outra seara do Direito, cabe averiguar se o seu significado também foi con-

---

[33] SCHOUERI, Luis Eduardo. *Direito Tributário*. São Paulo: Saraiva, 2011, p. 614.

cebido como sendo o mesmo do que aquele idealizado para o outro ramo do Direito a que se faz menção, podendo, é claro, haver tal desvinculação, sem que o sistema admita invalidade mútua dos conceitos.

Neste sentido é que o estudo dos princípios que conduzem à interpretação de leis *lato sensu* toma corpo em matéria tributária, justamente para que se possa buscar a intenção do constituinte/legislador na formulação das competências tributárias, sem que se atrele a conceitos estanques de Direito Privado, mas sem que o conteúdo econômico dos fatos possa tomar amplitude a desvinculá-lo da tecnicidade exigida neste processo hermenêutico.

Capítulo II
Definição e Função dos Princípios

II. 1. Princípios enquanto valores

Para que se possa tratar sobre princípios e da robusta carga axiológica que os reveste, há de se partir da premissa de que o intérprete esteja sempre imbuído de valores e, por meio destes, é que dará cabo ao seu trabalho, ainda que pretensamente o justifique com a maior carga de objetividade possível.

João Maurício Adeodato[34], justifica que não há norma jurídica sem pensamento, bem como não há comando que não se extraia da complexidade semiótica que se forma a partir da absorção dos signos pelo intérprete. Por esta razão, afirma que:

> a tarefa da filosofia do direito não é a busca do conceito de direito, como é feito tradicionalmente, e sim da ideia do direito. Analisando a concepção corrente, no sentido de que o direito e a norma estariam inseparavelmente ligados, conclui que as normas não constituem as formas de expressão autênticas do direito. A juridicidade de uma norma estaria justamente na circunstância de se referir a uma ideia, a uma ideia de direito. A ideia é que faz da norma uma norma jurídica e não a inversa.

---

[34] ADEODATO, João Maurício. *A Retórica Constitucional – Sobre tolerância, Direitos Humanos e Outros Fundamentos éticos do Direito Positivo*. 2ª ed. São Paulo: Saraiva, 2010, p. 95.

Reforçando a ideia de Direito associada a valor e retrocedendo nos movimentos históricos do positivismo racionalista, positivismo empírico e fenomenologismo jurídico, o doutrinador constrói uma concepção positivista do direito natural, em que reafirma a necessidade de positivação do direito, mas que esta seja "uma reação do indivíduo e dos grupos sociais contra essa ordem que resiste a suas individualidades"[35].

Por meio de tal proposição[36] – que será integralmente encampada neste trabalho – demonstrar-se-á que a carga normativa, especialmente a carga normativa do texto constitucional, está imbuída de valores que, ao contrário do que tradicionalmente se sustentou, não são valores do legislador originário, mas do próprio intérprete e que tal premissa faz absoluta diferença na análise dos conceitos pressupostos pelo Texto Político.

II. 2. Intérprete como portador da carga axiológica

Como tratado no tópico anterior, a grande diferença de premissa a ser adotada está em se colocar a carga axiológica do texto não naquele que o elabora, mas naquele que o irá interpretá-lo, justamente porque parece ser inconcebível a interpretação de institutos sem se estar sensível às variações sociais daqueles que estarão sujeitos ao seu texto, ou *texto e realidade estão em constante inter-relação e que esta inter-relação, seja mais seja menos eventualmente discrepante, é que vai constituir a norma jurídica*[37].

Nelson Nery Júnior e Rosa Maria de Andrade Nery[38] fazem importante observação no sentido de que, na análise casuística, o juiz é o principal destinatário destes princípios no momento de decidir sobre a *mens legis* aplicável ao caso, afirmando tais princípios como "regras que norteiam o

---

[35] Para melhor compreensão dos ideais contidos nos referidos movimentos, sugerimos a leitura de ADEODATO, João Maurício. *A Retórica Constitucional – Sobre tolerância, Direitos Humanos e Outros Fundamentos éticos do Direito Positivo*. 2ª ed. São Paulo: Saraiva, 2010, p. 114.

[36] Cf. REALE, Miguel. *Filosofia do Direito*. 11ª ed. São Paulo: Saraiva, 1986, p. 60. "Princípios são, pois, verdades ou juízos fundamentais, que servem de alicerce ou garantia de certeza a um conjunto de juízos, ordenados em um sistema de conceitos relativos a da porção da realidade. Às vezes também se denominam princípios certas proposições que, apesar de não serem evidentes ou resultantes de evidências, são assumidas como fundantes da validez de um sistema particular de conhecimentos, como seus pressupostos necessários".

[37] ADEODATO, João Maurício. *A Retórica Constitucional – Sobre tolerância, Direitos Humanos e Outros Fundamentos éticos do Direito Positivo*. 2ª ed. São Paulo: Saraiva, 2010, p. 201.

[38] NERY JUNIOR, Nelson. ANDRADE NERY, Maria de. Código Civil Comentado. 6ª ed. São Paulo: RT, 2008, nota introdutória 25, p. 192.

DEFINIÇÃO E FUNÇÃO DOS PRINCÍPIOS

Juiz na interpretação da relação jurídica discutida em Juízo. Os conceitos legais indeterminados e as cláusulas gerais são enunciações abstratas feitas pela lei, que exigem valoração para que o Juiz possa preencher o seu conteúdo".

Prosseguem afirmando que "Preenchido o conteúdo valorativo por obra do Juiz, este decidirá de acordo com a consequência previamente estabelecida pela lei (conceito legal indeterminado) ou construirá a solução que lhe parecer mais adequada para o caso concreto (cláusula geral)".

Posto de outra forma, o que se busca sustentar é que, da mesma forma que historicamente a interpretação literal dos dispositivos normativos foi suplantada pela necessidade de sua interpretação sistêmica ou sistemática, também não há como se vislumbrar uma interpretação que possa ficar parada no tempo da edição da lei.

II. 3. Impossibilidade de busca de valores exclusivos da época da edição da norma

Muito embora os tradicionais manuais do Direito informem[39] que uma das modalidades de intepretação é a histórica e que, neste passo, deverá ser buscada a vontade do legislador, ou a *mens legis*, acreditamos que este modelo atualmente tenha sido superado, especialmente ao considerarmos que nossa Constituição Federal pretende ser rígida e, portanto, admite poucas mudanças em seu texto, ainda que a experiência tenha mostrado que nosso Parlamento é celeiro fértil em iniciativas neste sentido.

Feitas tais observações e deslocado o epicentro da interpretação para o intérprete, e não para a vontade do legislador, passa-se a demonstrar como os princípios e sua elevada carga axiológica são fundamentais na construção da interpretação das normas e, mais do que isso, nos conceitos que por elas são pressupostos. Para tanto, há de se definir o próprio conceito de princípio.

---

[39] Neste sentido, um dos trabalhos que melhor reconstroem a trajetória da hermenêutica histórica do direito pode ser encontrado em BORGES, José Souto Maior. *Hermenêutica Histórica No Direito Tributário, in* Revista Tributária e de Finanças Públicas. Vol. 31. São Paulo: RT, 2000, p. 112.

II. 4. Conceito de princípios

Importa salientar que foi na doutrina de Ronald Dworkin[40] e Robert Alexy[41] que surgiram as primeiras soluções interpretativas e integrativas dos princípios, propondo-se um balanceamento de sua utilização. No entanto, a melhor definição do que se compreende por princípios deve ser encontrada na doutrina de J. J. Canotilho[42], para quem os princípios são "normas que exigem a realização de algo, da melhor forma possível, de acordo com as possibilidades fáticas e jurídicas". O autor segue explicando que "Os princípios não proíbem, permitem ou exigem algo em termos de 'tudo ou nada'; impõem a optimização de um direito ou bem jurídico, tendo em conta a 'reserva do possível', fáctica ou jurídica".

A primeira conclusão que se pode obter da definição posta é a de que princípios nada mais são do que normas jurídicas portadoras de intensa carga axiológica[43]. Por não conterem formulação escrita em norma, estão presentes, de forma esparsa, em todo o ordenamento jurídico, devendo ser entendidos como critérios técnicos de simplificação[44]. Humberto Ávila[45] os definirá como "normas imediatamente finalísticas, primariamente prospectivas e com pretensão de complementariedade e de parcialidade,

---

[40] Cf. DWORKIN, Ronald. *Taking Rights Seriously*, London: Duckworth, 1.991. Foi Dworkin o responsável por fazer um ataque geral ao Positivismo, na medida em que as regras são sempre aplicadas em uma definição de *tudo ou nada*, ao passo que, em caso de sua colisão, há sempre uma necessidade de prevalência de uma sobre a outra, ao passo que o ordenamento sempre contém uma necessidade de sua integração, o que se dá apenas pela existência de princípios, que possuem uma dimensão de peso que se evidencia na sua colisão.

[41] ALEXY, Robert. *El Concepto y La Validez Del Derecho*, 2ª ed., Barcelona: Gedisa, 1.997. Alexy aprofunda os estudos de Dworkin para concluir que a dimensão de peso dos princípios somente pode ser aferida pela análise do caso concreto, porque apenas nesta situação poderá se falar em regra de prevalência. Assim, para Alexy, a diferenciação entre princípios e regras não pode ser aferida apenas pela situação de *tudo ou nada*, mas porque no caso de colisão entre princípios não se decide pela invalidade de um ou de outro, mas por sua preponderância ao caso concreto, sendo certo, ainda, que enquanto as regras impõem obrigações absolutas, os princípios apenas as determinam *prima facie*.

[42] CANOTILHO, J. J. Gomes. *Direito Constitucional e Teoria da Constituição*, 7ª ed., Coimbra: Almedina, p. 545

[43] Cf. CARVALHO, Paulo de Barros. *Sobre os Princípios Constitucionais Tributários*, in Revista de Direito Tributário nº 55, ano 15, jan./mar., São Paulo: Malheiros, 1991, p. 142-155.

[44] Cf. DERZI, Misabel Abreu Machado. *O Princípio da Igualdade e o Direito Tributário*, RFDMC, vol. I, pág. 212.

[45] ÁVILA, Humberto. *Teoria dos Princípios*. 12ª ed. São Paulo: Malheiros, 2011, p. 78-79

para cuja aplicação se demanda uma avaliação da correlação entre o estado de coisas a ser promovido e os efetivos decorrentes da conduta havida como necessária à sua promoção".

No entanto, em nosso ver, a conceituação de princípio, por mais objetiva que seja, há de passar por sua negativa, ou seja, a diferenciação com as regras, seu principal ponto de intersecção:

II. 4. 1. Diferenciação entre regras e princípios

A definição dos princípios passa ainda por seu distanciamento com as regras; por esta razão é que Celso Bastos[46] assevera que a diferença entre princípios e regras está no (i) seu grau de abstração; (ii) na sua aplicabilidade e (iii) separação radical (diferença qualitativa e de estrutura lógica, também de intencionalidade normativa).

Ante à sua impossibilidade de criar anomias ou antinomias no sistema[47], os princípios podem afirmar valores que podem parecer antagônicos; por tal razão, devem ser avaliados de modo a se extrair do sistema uma conclusão que não estabeleça uma hierarquia entre eles, mas a sua interpretação sistemática[48], não devendo haver qualquer diferenciação entre os princípios explícitos e implícitos no texto constitucional[49].

Nesse passo, é importante que se faça um parêntese no presente estudo para destacar que existe ao menos um doutrinador não adepto à interpretação sistemática dos princípios, uma vez que entende que o intérprete deverá sempre escolher um princípio prevalecente ao caso. A este respeito, disserta Sacha Calmon Navarro Coêlho[50]:

---

[46] Cf. BASTOS, Celso. *Curso de Direito Constitucional*, 11ª ed., São Paulo: Saraiva, p. 137.

[47] Cf. GRAU, Eros Roberto. *A Ordem Econômica na Constituição de 1988*, 3ª ed., São Paulo: Malheiros, 1.999, p. 89-92.

[48] Cf. POLIZELLI, Victor Borges. *A Eficiência do Sistema Tributário – uma Questão de Busca da Justiça com Proteção da Segurança Jurídica*, in Direito Tributário Atual nº 20, coord. Alcides Jorge Costa, Luís Eduardo Schoueri e Paulo Celso Bergstrom Bonilha, São Paulo: Dialética, IBDT, 2.006, p. 253-271.

[49] Cf. CARRAZZA, Roque Antonio, *Curso de Direito Constitucional Tributário*, 24ª ed., São Paulo: Malheiros, 2.008, p. 39.

[50] COÊLHO, Sacha Calmon Navarro. *Evasão e Elisão Fiscal. O parágrafo único do art. 116, CTN, e o Direito Comparado*, Rio de Janeiro: Forense, 2.006, p. 17.

O CONCEITO DE SERVIÇO E A CONSTITUIÇÃO BRASILEIRA

No Direito Tributário brasileiro não há ponderação ou 'balanceamento' de princípios porque a Constituição já o faz. A cada princípio corresponde um contraprincípio sob a forma de exceção de não-aplicabilidade. Não repugna à legalidade a manipulação por atos administrativos das alíquotas de quatro impostos federais. A isonomia convive com favores fiscais em pro do norte/ /nordeste. A não-cumulatividade do ICMS tem dois casos em que ela não opera. O princípio do não-confisco não incide quando se trata da progressividade sistemática e exorbitante para desincentivar comportamentos indesejáveis, tais como a propriedade em disfunção social (a alta tributação sobre o tabaco também insere-se neste contexto) e assim por diante. Demais disso, inexiste 'balanceamentos', existe é a escolha pelo julgador, do princípio aplicável ao contraprincípio.

A corrente doutrinária consubstanciada na passagem acima transcrita é mencionada neste trabalho apenas pela preocupação acadêmica, pois minoritária e não encampada pelo Supremo Tribunal Federal nos julgamentos que suportam as conclusões deste estudo.

Retomando-se a linha de argumentação, princípios podem ser definidos como enunciados lógicos com posição de prevalência ou de referência no ordenamento jurídico, vinculando a interpretação e aplicação das normas jurídicas que com eles se conformam, devendo ordenar a sociedade, exercendo ação imediata quando forem autoexecutáveis no plano integrativo e construtivo[51]. No mesmo sentido, confira-se Roque Antonio Carrazza[52].

Humberto Ávila, discorrendo sobre a necessidade de sopesar os princípios na função interpretativa de normas, informa que o caráter integrativo que a eles necessita ser conferido, há de respeitar um *dever de proporcionalidade* para que se delimitem os limites da atividade estatal e se garanta ao máximo os direitos individuais[53], devendo ter em conta, ainda, o *dever de*

---

[51] Cf. BASTOS, Celso. *Curso de Direito Constitucional*, 11ª ed., São Paulo, Saraiva, p. 139.

[52] CARRAZZA, Roque Antonio. *Curso de direito constitucional tributário*. 17. ed. São Paulo: Malheiros, 2002, p. 33: "Segundo nos parece, princípio jurídico é um enunciado lógico, implícito ou explícito, que, por sua grande generalidade, ocupa posição de preeminência nos vastos quadrantes do direito e, por isso mesmo, vincula, de modo inexorável, o entendimento e a aplicação das normas jurídicas que com ele se conectam".

[53] Cf. ÁVILA, Humberto. *A distinção entre princípios e regras e a redefinição do dever de proporcionalidade*, Revista Diálogo Jurídico, Salvador: CAJ – Centro de Atualização Jurídica, v. I, nº 4, julho, 2.001, p. 25-28. Disponível em <http://www.direitopublico.com.br>, acesso em 04/12/2011.

DEFINIÇÃO E FUNÇÃO DOS PRINCÍPIOS

razoabilidade para que se proíbam os excessos no caso concreto, exigindo-se que as condições pessoais e individuais dos sujeitos envolvidos sejam consideradas em face das consequências normativas[54].

O autor faz ainda o estudo primoroso na definição dos critérios de distinção entre princípios e regras, concluindo que sua diferenciação decorre, primordialmente: (i) do critério do "caráter hipotético-condicional", do qual revela que as regras têm elemento frontalmente descritivo, ao passo que os princípios apenas estabelecem diretrizes; (ii) do critério do "modo final de aplicação", posto que as regras são aplicadas de acordo com um sistema de tudo ou nada, enquanto os princípios são gradativos; (iii) do critério "conflito normativo", posto que a antinomia entre as regras seria verdadeiro conflito, ao passo que os conflitos entre princípios seriam meramente aparentes, porque resolúveis por sua ponderação.

O conceito de princípio que será utilizado neste trabalho será o de vetor, ao que princípio deverá ser entendida como uma força interpretativa que conduzirá o intérprete, no árduo exercício de extração do conteúdo normativo do texto, ao valor consignado no texto constitucional, que não deve ser retroagido simplesmente à data da edição do Texto Maior, mas decorrente do seu amadurecimento esperando pelo desenvolvimento social.

Com base nesta premissa é que se demonstrará como os princípios são essenciais para a harmonização e unicidade do sistema jurídico.

II. 5. Princípios constitucionais e unidade do sistema
Em observância a essa interpretação sistemática que deve ser conferida aos princípios constitucionais é que Canotilho[55] revela que a Constituição tem uma posição hierárquico-normativa superior às demais normas, não apenas porque se constitui de uma *lex superior,* que extrai o fundamento de validade de si própria, tampouco porque direciona a formação das demais normas, mas porque se torna um verdadeiro centro de referência (conformidade) para todos os atos do Estado e das leis, como um "estatuto

---

[54] Cf. ÁVILA, Humberto. *A distinção entre princípios e regras e a redefinição do dever de proporcionalidade,* Revista Diálogo Jurídico, Salvador: CAJ – Centro de Atualização Jurídica, v. I, nº 4, julho, 2.001, p. 29-30. Disponível em <http://www.direitopublico.com.br>, acesso em 04/12/2011.

[55] Cf. CANOTILHO, J. J. Gomes. *Direito Constitucional e Teoria da Constituição,* 7ª ed., Coimbra: Almedina, p. 1.152.

O CONCEITO DE SERVIÇO E A CONSTITUIÇÃO BRASILEIRA

de justiça do político" ou "quadro moral e racional do discurso político conformador da ordem normativa", ou seja, um texto legal governado primordialmente por princípios.

O professor Geraldo Ataliba[56] observa, do mesmo modo, que "o caráter orgânico das realidades componentes do mundo que nos cerca e o caráter lógico do pensamento humano conduzem o homem a abordar as realidades que pretende estudar, sob critérios unitários, de alta utilidade científica e conveniência pedagógica, em tentativa de reconhecimento coerente e harmônico da composição de diversos elementos em um todo unitário, integrado por uma realidade maior", acompanhado por Celso Antônio Bandeira de Mello[57].

Desta forma é que quando Roque Antonio Carrazza[58], pautando-se na teoria de Hans Kelsen[59], afirma que o ordenamento jurídico é formado por normas de diferentes hierarquias e que, a norma inferior sempre buscará o seu fundamento de validade na norma hierarquicamente superior e que esta pirâmide escalonada de normas se presta desde a norma individual e concreta, firmada entre particulares (v.g. contratos), até as normas constitucionais (lei fundamental do Estado), não está apenas se referindo à conformação formal das regras, mas também uma conformação principiológica, integrativa.

Não sendo identificada tal conformidade, a regra deverá ser irremediável e imediatamente excluída do sistema, como afirmado por Geraldo Ataliba[60], que destaca:

---

[56] ATALIBA, Geraldo. *Sistema Constitucional Tributário Brasileiro*, 1ª ed., São Paulo: RT, 1.966, p. 4.

[57] *"Princípio (...) é, por definição, mandamento nuclear de um sistema, verdadeiro alicerce dele, disposição fundamental que se irradia sobre diferentes normas compondo-lhes o espírito e servindo de critério para sua exata compreensão e inteligência, exatamente por definir a lógica e a racionalidade do sistema normativo, no que lhe confere a tônica e lhe dá sentido harmônico.* É o conhecimento dos princípios que preside a intelecção das diferentes partes componentes do todo unitário que há por nome sistema jurídico positivo" in MELLO, Celso Antônio Bandeira de Mello. in *Curso de Direito Administrativo*, 25ª ed., São Paulo: Malheiros, 2.008, pp. 942-943.

[58] Cf. CARRAZZA, Roque Antonio. *Curso de Direito Constitucional Tributário*, 24ª ed., São Paulo: Malheiros, 2.008, p. 37.

[59] Cf. KELSEN, Hans. *Teoria Pura do Direito*, 2ª ed., vol. II, Coimbra: Sucessor, 1.962, p. [=].

[60] ATALIBA, Geraldo. *Lei Complementar na Constituição*, São Paulo: RT, 1.971, p. 18.

DEFINIÇÃO E FUNÇÃO DOS PRINCÍPIOS

ora, como deixar de reconhecer caráter jurídico a uma disposição constitucional? Na pior das hipóteses a disposição constitucional mais abstrata e vaga possui, no mínimo, a eficácia paralisante de todas as normas inferiores, se contrastantes com seu sentido, bem como determinadora de importantíssimas consequências na compreensão do texto constitucional e de cada disposição que o integra, bem como determina relevantes consequências exegéticas, relativamente a todo o sistema normativo".

Evidencia-se a função vinculadora do princípio, que assim tem o poder de extirpar do sistema norma com ele diametralmente incompatível ou também conduzir para situações de inconstitucionalidade nas hipóteses em que a norma superior demanda regulamentação por norma inferior para que seja efetivado um princípio e o regulamento não se faz editado, a chamada inconstitucionalidade por omissão.

A acomodação entre as normas, assim, deverá se formar no campo material (conteúdo) ou formal (órgão autorizado a expedi-la).

Portanto, uma das primeiras conclusões que integram a definição acima posta é a de que os princípios jamais poderão ser entendidos dentro de um estado de isolamento, na medida em que sempre irão interagir com outros princípios e normas, que lhe dão equilíbrio e norteiam o sistema, sendo considerados os vetores para soluções interpretativas.

Até mesmo do texto constitucional há de se obtemperar que os próprios regramentos da Carta Política devem ser sopesados e cotejados com os princípios maiores que norteiam sua elaboração. Desta premissa é que se pode concluir, portanto, que será sempre inconstitucional qualquer interpretação de norma jurídica tendente a retirar ou diminuir a eficácia de princípios constitucionais, ainda que tal norma venha a ser incluída no próprio Texto Maior pelo constituinte derivado.

Neste contexto é que se faz necessário o estudo dos princípios em espécie, para que posteriormente se demonstre como sua aplicação tem sido decisiva na formação de um novo conceito de serviço.

Capítulo III
Princípios em Espécie

Neste capítulo, desenvolver-se-á o conteúdo conceitual de uma série de princípios, sem que se pretenda esgotá-los; a escolha pelos princípios aqui desenvolvidos tem correspondência específica com os princípios que foram utilizados pelo Supremo Tribunal Federal nas últimas vezes em que foi chamado a explicitar conceitos contidos na Carta Magna, razão pela qual o recorte metodológico específico ora aplicado decorre exclusivamente da opção feita pela Corte Suprema. Feito este esclarecimento, passa-se a definir os princípios em espécie, a começar pela Igualdade Tributária:

III. 1. Princípio da Igualdade Tributária
Em linhas gerais, o princípio da igualdade tributária vem insculpido no art. 150, II, da Constituição Federal, que proíbe o tratamento "desigual entre contribuintes que se encontrem em situação equivalente, proibida qualquer distinção em razão de ocupação profissional ou função por eles exercida, independentemente da denominação jurídica dos rendimentos, títulos ou direitos".

Conforme prelecionam os ensinamentos de Luciano Amaro, o princípio da igualdade implica, em um primeiro momento, na impossibilidade de discriminação de pessoas que estejam sujeitas ao mesmo mandamento legal, faceta do princípio que é dirigido ao aplicador da lei. Complementa esta doutrina Humberto Ávila, para quem:

A igualdade pode funcionar como regra, prevendo a proibição de tratamento discriminatório; como princípio, instituindo um estado igualitário como fim a ser promovido; e como postulado, estruturando a aplicação do Direito em função de elementos (critério de diferenciação e finalidade da distinção) e da relação entre eles (congruência do critério em razão do fim).

Assim é que o referido doutrinador vai concluir que a aplicação do princípio da igualdade depende sempre de um critério diferenciador e de um critério-fim a ser alcançado, ao que, portanto, fins diversos conduzem para medidas diferentes de controle.

No entanto, existe um segundo aspecto do princípio que se dirige ao próprio legislador, pelo que se proíbe sejam tratadas de forma diversas as situações em tudo equivalentes[61].

Por esta razão é que Celso Antonio Bandeira de Mello[62] ensina que é tormentosa a tarefa de criar um critério de discriminação quando este não decorre diretamente do texto constitucional.

Para o doutrinador deve haver uma correlação lógica entre o fator de discriminação e a desequiparação pretendida, em contraposição aos demais princípios erigidos pela Constituição Federal, o que Hugo de Brito

---

[61] Cf. AMARO, Luciano. *Direito Tributário Brasileiro*, 17ª ed., São Paulo, Saraiva, 2.011, p. 158.

[62] MELLO, Celso Antonio Bandeira de. *O conteúdo jurídico do princípio da igualdade*, 2ª ed., São Paulo: RT, 1.978, p. 30. Ainda, discorre que: "Rezam as constituições – e a brasileira estabelece no art. 5.º, caput, da CF/1988 – que todos são iguais perante a lei. Entende-se, em concorde unanimidade, que o alcance do princípio não se restringe a nivelar os cidadãos diante da norma legal posta, mas que a própria lei não pode ser editada em desconformidade com a isonomia. O preceito magno da igualdade, como já tem sido assinalado, é norma voltada quer para o aplicador da lei quer para o próprio legislador. Deveras, não só perante a norma posta se nivelam os indivíduos, mas a própria edição dela assujeita-se ao dever de dispensar tratamento equânime às pessoas. Por isso Francisco Campos lavrou, com pena de ouro, o seguinte asserto: Assim, não poderá subsistir qualquer dúvida quanto ao destinatário da cláusula constitucional da igualdade perante a lei. O seu destinatário é, precisamente, o legislador e, em conseqüência, a legislação; por mais discricionários que possam ser os critérios da política legislativa, encontra no princípio da igualdade a primeira e mais fundamental de suas limitações. A Lei não deve ser fonte de privilégios ou de perseguições, mas instrumento regulador da vida social que necessita tratar eqüitativamente todos os cidadãos. Este é o conteúdo político-ideológico absorvido pelo princípio da isonomia e juridicizado pelos textos constitucionais em geral, ou de todo modo assimilado pelos sistemas normativos vigentes". (Op. Cit. p. 9-11).

PRINCÍPIOS EM ESPÉCIE

Machado[63] pugna como a dificuldade em saber se um critério de discriminação é ou não justo.

É também o entendimento de Klaus Tipke[64], que ao analisar o princípio da igualdade faz o seguinte questionamento: "quando se pretende aplicar corretamente o princípio da igualdade, deve-se apurar a exata relação, perguntando-se: igual em relação a quê (em que relação)? Quaisquer diferenças podem, pois, não justificar o tratamento desigual. Para a comparação relativa torna-se necessário um critério de comparação. (...)".

O autor prossegue explicando que "O princípio é o critério de comparação ou de justiça estabelecido compulsoriamente pelo legislador para determinados assuntos legalmente disciplinados".

Assim, demonstradas as linhas gerais que contornam a configuração do princípio da igualdade, passa-se a demonstrar o valor que dele se busca extrair para as conclusões acerca da sua aplicabilidade na interpretação dos conceitos constitucionais.

III. 1. 1. Valor que se extrai do princípio da igualdade

Por meio do princípio da igualdade, busca-se, portanto, ética na tributação, mediante sua juridicização e aplicação jurisdicional. Pugna-se, portanto, pelo respeito à capacidade contributiva sem que se perca de vista a limitação fiscal (*Steuerbegrenzung*) ou o excesso de extrafiscalidade do Estado Social.

Parte importante do conteúdo do princípio da igualdade reside no fato de que, muitas vezes o Constituinte (ou o próprio legislador), valendo-se da configuração de um conceito tido à época da edição da norma, poderá deixar de fora da competência tributária uma determinada situação ou um determinado fato, ainda que de forma inadvertida.

Este é um dos pilares sobre os quais se encerra a necessidade de adaptação dos conceitos de acordo com a evolução social e que, com a velocidade da tecnologia em nossos dias, torna-se um dos maiores desafios do intérprete das referidas normas. Em se tratando da definição de com-

---

[63] MACHADO, Hugo de Brito. *Os princípios jurídicos da tributação na Constituição de 1.988*, São Paulo: R, 1.989, p. 37

[64] TIPKE, Klaus. *Princípio de igualdade e ideia de sistema no Direito Tributário*, in MACHADO, Brandão (coord.) *Direito Tributário. Estudos em Homenagem ao professor Ruy Barbosa Nogueira*, São Paulo: Saraiva, 1.984, pp. 515-527.

petências tributárias, é tarefa que em última instância estará reservada à Corte Suprema. Nestes casos, como adverte Luciano Amaro:

> a igualdade é uma garantia do indivíduo e não do Estado. Assim, se diante de duas situações que merecem igual tratamento, a lei exigir tributo somente na primeira situação, não cabe à administração fiscal, com base no princípio comentado, tributar ambas as situações; compete ao indivíduo que se ligue à situação tributada contestar o gravame que lhe esteja sendo cobrado com desrespeito ao princípio constitucional. Não pode a analogia ser invocada pela administração para exigir o tributo na situação não prevista[65].

Esta premissa será de suma importância quando, em oportunidade futura neste trabalho vier a se demonstrar como o Supremo Tribunal Federal tem utilizado o princípio da igualdade para – transbordando o conceito de prestação de serviços até então formado em nossa doutrina e jurisprudência pátrias –, abarcar situações outras, que não se amoldam ao conceito constitucional e que, por mais que deixe de lado algumas situações fáticas decorrentes da complexidade das relações sociais mais modernas, ainda não pode ser suplantado sem que se modifique toda a atribuição constitucional de competências.

III. 2. Princípio da Capacidade Contributiva

Como dito, o estudo do impacto dos princípios na definição de conceitos passa, necessariamente, pelo seu estudo individualizado.

Assim é que um dos princípios norteadores do nosso ordenamento jurídico, alçado à categoria de sobreprincípio e que merece ser tratado, ainda que com a brevidade que este estudo impõe, é o princípio da capacidade contributiva, sintetizado por Renato Lopes Becho[66] como a diretriz pela qual os tributos devem ser cobrados apenas daqueles contribuintes que poderão pagá-los sem sacrifícios desmedidos.

A expressão "capacidade contributiva" surge normativamente pela primeira vez com a promulgação da Constituição Italiana de 1.947, que em seu art. 53 dispunha que "Todos são obrigados a pagar impostos de conformidade com sua capacidade contributiva".

---

[65] AMARO, Luciano. *Direito Tributário Brasileiro*, 17ª ed., São Paulo, Saraiva, 2.011, p. 160.
[66] Cf. BECHO, Renato Lopes. *Tributação das Cooperativas*, São Paulo: Dialética, 1.998, p. 70

PRINCÍPIOS EM ESPÉCIE

No Brasil, a expressão é incorporada ao arcabouço constitucional com a Constituição de 1.946, que no art. 202 definia que "Os tributos terão caráter pessoal sempre que isso for possível, e serão graduados conforme a capacidade econômica do contribuinte".

Atualmente, o princípio da capacidade contributiva tem sua previsão constitucional estampada no art. 145 § 1º, pelo qual: "Sempre que possível, os impostos terão caráter pessoal e serão graduados segundo a capacidade econômica do contribuinte, facultado à administração tributária, especialmente para conferir efetividade a esses objetivos, identificar, respeitados os direitos individuais e nos termos da lei, o patrimônio, os rendimentos e as atividades econômicas do contribuinte".

O tributarista Roque Antonio Carrazza esclarece sobre o princípio da capacidade contributiva que é inerente à noção fundamental de justiça do ser humano a máxima de que paga mais aquele que dispõe de mais bens, devendo contribuir mais para a manutenção da coisa pública (Estado)[67].

Ainda de acordo com o referido doutrinador, o princípio da capacidade contributiva está intimamente ligado ao princípio da igualdade como mecanismo eficaz para que se alcance a pretendida justiça fiscal.

Na busca de um sistema tributário racionalizado e justo, Humberto Ávila[68] informa que a justiça fiscal deve ser buscada pela avaliação individual da capacidade contributiva, sendo o modelo de igualdade geral a exceção do ordenamento, no que é acompanhado pela doutrina de Regina Helena Costa[69], para quem "o Estado Democrático de Direito está comprometido com a busca de liberdade e igualdade materiais, objetivando propiciar uma vida digna a todos".

Prossegue afirmando que, nesse cenário, a observância dos princípios da capacidade contributiva e da vedação à utilização tributo com efeito de confisco conduziria à conclusão de que o tributo não é apenas fonte de receita, mas seria um instrumento de promoção da justiça.

Ainda de acordo com Roque Antonio Carrazza, o princípio da capacidade contributiva informa que aqueles que pagam impostos devem con-

---

[67] Cf. CARRAZZA, Roque Antonio. *Curso de Direito Constitucional Tributário*, 24ª ed. São Paulo: Malheiros, 2.008, p. 87.

[68] Cf. AVILA, Humberto. *Igualdade Tributária: Estrutura, Elementos, Dimensões, Natureza Normativa e Eficácia*, Tese de Livre Docência, São Paulo: Faculdade de Direito da USP, 2.006, p. 237.

[69] COSTA, Regina Helena. *Praticabilidade e Justiça Tributária*, São Paulo: Malheiros, 2.007, pp. 93-97.

tribuir para as despesas do Estado não de acordo com aquilo que recebem em retorno, mas de suas potencialidades econômicas[70].

Referidas potencialidades econômicas são auferidas de forma objetiva, e não subjetiva, na medida em que não se devem referir às condições econômicas de cada contribuinte, mas às suas manifestações objetivas de riqueza (por exemplo, sua receita, bens, lucro etc.)[71], ou o que Alfredo Augusto Becker denominou fatos-signos presuntivos de riqueza.

III. 2. 1. Valor extraído do princípio da capacidade contributiva

Há de se concluir que o princípio da capacidade contributiva, por estar contido no diploma maior, vincula o próprio legislador, para que este edite normas conformes ao princípio, sob pena de serem excluídas do sistema.

No entanto, como salienta Aliomar Baleeiro, a regra não vincula apenas o legislador – e consequentemente a doutrina, na elucidação e evidenciação dos conteúdos das normas jurídicas -, mas também ao Estado-Juiz[72]. Do seu conteúdo que consideraremos como premissa para o desenvolvimento deste trabalho, acolheremos a definição de Francesco Moschetti[73] para que *"Capacidad contributiva no es, por tanto, toda manifestación de riqueza, sino sólo aquella potencia económica que debe juzgarse idónea para concurrir a los*

---

[70] Cf. CARRAZZA, Roque Antonio. *Curso de Direito Constitucional Tributário*, 24ª ed. São Paulo: Malheiros, 2.008, p. 87.

[71] CF. CARRAZZA, Roque Antonio. *Curso de Direito Constitucional Tributário*, 24ª ed. São Paulo: Malheiros, 2.008, p. 90. Importante salientar que há doutrinadores de expressão em sentido contrário, como Sacha Calmon Navarro Coelho (*Comentários à Constituição de 1988: Sistema Tributário*, 2ª ed., Rio de Janeiro, Forense, 1.990, p. 90), para quem a capacidade a que alude o art. 145, § 1º, da CF, é subjetiva, devendo levar em conta a capacidade contributiva real do cotnribuinte. Com esta teoria anuímos em parte, pois poderá haver situações em que a tributação poderá privar o contribuinte do mínimo necessário à sua própria sobrevivência, razão pela qual poderá até mesmo ser afastada; por outro lado, a lógica contrária não é verdadeira, não se podendo penalizar desmedidamente contribuintes simplesmente por sua alta capacidade econômica, justamente porque tais manifestações de riqueza já estarão sujeitas aos tributos próprios.

[72] BALEEIRO, Aliomar. *Limitações Constitucionais ao Poder de Tributar*, 2ª ed., Forense: Rio de Janeiro, 1.960, p. 337.

[73] MOSCHETTI, Francesco. *El principio de capacidad contributiva*. Trad. Juan M. Calero Gallego e Rafael Navas Vazquez. Madrid: Instituto de Estudios Fiscales, 1980. p. 277. Numa tradução livre: Capacidade contributiva não é, portanto, toda manifestação de riqueza, mas somente aquela potência econômica que deve julgar-se idônea para concorrer aos gastos públicos, à luz das fundamentais exigências econômicas e sociais acolhidas em nossa Constituição.

PRINCÍPIOS EM ESPÉCIE

*gastos públicos, a la luz de las fundamentales exigencias económicas y sociales aco-
gidas en nuestra Consitución".*

Assim é que o princípio será, inexoravelmente, levado em consideração nas decisões judiciais, especialmente aquelas proferidas pela Suprema
Corte, na definição de conceitos que impactem na tributação, como ocorre
na delineação do conceito constitucional de serviço.

III. 3. Princípio da Neutralidade Tributária

Outro princípio que se extrai do texto constitucional e que constitui um
dos pilares utilizados pela jurisprudência do Supremo Tribunal Federal
para alargar o conceito até então vigente de prestação de serviços – impin-
gindo a criação de um novo conceito – é o princípio da neutralidade tributária.

Referido princípio pode ser entendido como decorrência do princípio
mais amplo da livre concorrência, previsto no art. 170, IV, da Constituição
Federal. Nesta seara, o princípio da livre concorrência ganha contornos
não de uma liberdade atribuída ao agente econômico, isoladamente considerado, mas da sociedade[74]; por tal razão é que a tributação incidente
sobre a ordem econômica deve ser uma tributação neutra, que não preju-
dique os agentes, mas recaia sobre a atividade econômica como um todo e
em razão uniforme (produtos em condições similares devem estar submetidos à mesma carga fiscal)[75]. Por esta razão, afirma Paulo Caliendo[76] que:

> "Torna-se claro que eqüidade e eficiência entrem geralmente em con-
> flito em termos econômicos. O princípio da neutralidade fiscal representa no
> âmbito jurídico a tentativa de ponderar esses dois interesses distintos. (...)
> Desse modo, a busca da neutralidade fiscal pretende ser uma forma de
> manutenção do equilíbrio da economia ou, dito de outra forma, da menor
> afetação possível que a tributação possa realizar em uma economia imperfeita.

---

[74] Cf. FERRAZ JUNIOR, Tercio Sampaio. *Obrigação Tributária acessória e limites de imposição:
razoabilidade e neutralidade concorrencial do estado*. In FERRAZ, Roberto (coord.), *Princípios e limites da tributação*, São Paulo: Quartier Latin, 2.005, pp. 717-735.

[75] CALIENDO, Paulo. *Princípio da Neutralidade Fiscal – conceito e aplicação*. In PIRES, Adilson
Rodrigues; TORRES, Heleno Taveira (orgs.), *Princípios de Direito Financeiro e Tributário. Estudos
em homenagem ao professor Ricardo Lobo Torres*, Rio de Janeiro: Renovar, 2.006, pp. 503-540.

[76] CALIENDO, Paulo. *Direito tributário e análise econômica do direito – Uma visão crítica*. Rio de
Janeiro: Elsevier, 2009, p. 101-106.

O CONCEITO DE SERVIÇO E A CONSTITUIÇÃO BRASILEIRA

Tendo estes pressupostos verifica-se que a política fiscal deve procurar a assunção de três objetivos: (i) financiar as despesas públicas; (ii) controlar a economia e (iii) organizar o comportamento dos agentes econômicos. (...)

O princípio da neutralidade fiscal irá receber as informações do subsistema da economia que exige uma neutralidade econômica, ou seja, a menor produção de efeitos por parte da tributação nas escolhas dos agentes; irá ler estas mensagens sob o código próprio da linguagem jurídica, especialmente considerando a exigência de eficiência econômica sob a égide da justiça."

Expostos aqueles que são os contornos jurídicos que definem o princípio da neutralidade, há que se evidenciar o seu conteúdo axiológico, tendo em vista que, baseado na mesma definição acima posta, o Supremo Tribunal Federal atingiu resultado absolutamente diverso do que se espera para a aplicação deste princípio.

III. 3. 1. Valor a ser extraído do princípio da neutralidade tributária

Referido princípio da neutralidade tributária, conforme doutrina de Roberto Ferraz, propõe que os tributos não devem causar consequências involuntárias na concorrência, abstendo-se de realizar intervenções que possam prejudicar o mecanismo competitivo do mercado, mas apenas aplicados quando necessários para a correção de situações de imperfeições de concorrência[77].

No mesmo sentido, Luis Eduardo Schoueri destaca que a admissão da existência do princípio da neutralidade não representa dizer que o tributo não deva interferir sobre a economia, mas que a tributação deverá garantir a livre concorrência, com um ambiente de igualdade de condições competitivas[78].

Expõe o doutrinador que "em termos práticos, a neutralidade tributária significa que produtos em condições similares devem estar submetidos

---

[77] Cf. FERRAZ, Roberto. *A Inversão do Princípio da Capacidade Contributiva no Aumento da COFINS pela Lei 9.718/98*, in Revista Dialética de Direito Tributário nº 130, São Paulo: Dialética, 2.006, p. 74.

[78] Cf. SCHOUERI, Luis Eduardo. *Livre Concorrência e Tributação*, in Grandes Questões Atuais do Direito Tributário, vol. 11, Coord. Valdir de Oliveira Rocha, São Paulo: Dialética, 2.007, pp. 250-255.

à mesma carga fiscal. Sendo mandamento de otimização, deve-se buscar, ao máximo possível, igualar a carga tributária de situações similares"[79].

Desde logo, há que se concluir, portanto, que em decorrência do princípio da neutralidade, não se deve interferir na vontade do agente de mercado, seja para o consumo, seja também em relação à renda e patrimônio, pois tal conduta indiretamente contribuiria para o aumento no valor do preço dos bens e dos serviços.

Há de se partir do pressuposto de que a livre concorrência é princípio que deve pautar a atuação do Estado enquanto elaborador de leis e enquanto efetivo agente influenciador de mercado, sendo certo que as políticas fiscais que se afastam destes pressupostos afastam-se dos princípios erigidos pela Constituição Federal.

Em contexto histórico, há de se inserir o princípio da neutralidade tributária, de acordo com Rodrigo Maito da Silveira, apenas com a promulgação do art. 146-A da Carta Política, com a redação conferida pela Emenda Constitucional 42/03; anteriormente à promulgação da Emenda Constitucional 42/03, o princípio da neutralidade era considerado apenas implícito, ou mera decorrência do princípio da isonomia, este insculpido no art. 150, II, da Constituição Federal[80].

Podemos concluir que o princípio da neutralidade, ao reverso de impor que produtos similares estejam sujeitos às mesmas exações e na mesma medida[81], deve ser entendido como o princípio pelo qual a tributação não deverá influenciar a tomada de decisões pelo agente, de realizar ou não o fato tributável.

Por outro lado, baseados na expressão cunhada por Fernando Zilveti de que "a indução é a antítese da neutralidade"[82], não deixamos de pontuar que se afigura impossível a ideia de tributo neutro[83], ou que jamais interfiram no comportamento dos agentes econômicos.

---

[79] SCHOUERI, Luis Eduardo. *Direito Tributário*, São Paulo: Saraiva, 2.011.

[80] SILVEIRA, Rodrigo Maito. *Tributação e Concorrência*, Tese de Doutorado, São Paulo: FDUSP, 2.009, pp. 23-24.

[81] Cf. SCHOUERI, Luis Eduardo. *Livre Concorrência e Tributação*, in Grandes Questões Atuais do Direito Tributário, vol. 11, Coord. Valdir de Oliveira Rocha, São Paulo: Dialética, 2.007, p. 254.

[82] Cf. ZILVETI, Fernando Aurélio. *Variações sobre o princípio da neutralidade no Direito Tributário Internacional*, in *Direito Tributário Atual*, vol. 19, São Paulo: Dialética, IBDT, 2.005, pp. 24-40.

[83] BRIGGS, Charles W. *Taxation is not for fiscal purposes only*, in American Bar Association Journal, vol. 52, jan. 1966, pp. 45-47.

Parece evidente que o agente econômico, na escolha de sua atividade, irá se direcionar para aquela que represente um melhor ganho, mas também um menor custo; tendo em vista que o país hoje é assolado por uma das cargas tributárias mais severas do mundo, a escolha por uma atividade que refuja à tributação, pela ausência de sua conformação com um determinado conceito constitucional que a insira em uma das competências tributárias, parece o cenário ideal da atividade econômica, exatamente o quanto o Supremo Tribunal Federal vem buscando afastar, colocando até mesmo o princípio da neutralidade tributária acima de outros princípios, como se verá nos tópicos seguintes, para que tais atividades não fiquem a salvo da tributação.

III. 4. Princípio da Praticabilidade Tributária

Outro princípio que demanda uma análise mais específica neste trabalho é o princípio da praticabilidade tributária.

A praticabilidade decorre da crença de que o sistema tributário deverá ser simples e racionalizado, para que possa dar aplicabilidade aos princípios da eficiência, moralidade e razoabilidade da Administração Pública, conforme previsto no art. 37 da Constituição Federal[84].

Regina Helena Costa[85] assevera que a praticabilidade se manifesta por vários instrumentos e estes são consequências das abstrações generalizantes (presunções, ficções, indícios, conceitos indeterminados, cláusulas gerais, em branco, simplificação etc.). Tais abstrações teriam o intuito de facilitar a arrecadação e evitar que o sistema necessidade de intervenções a todo o momento para ser complementado ou, ainda, que se trocasse o valor verdade material pelo valor segurança e previsibilidade. Afirma que:

> (...) para o descongestionamento da administração tributária o legislador trabalha com tipificações e liquidações por cálculo aproximado, taxas médias, isenções simplificadoras, quotas isentas e limites de isenção. Todas essas normas de finalidade simplificadora devem fixar uma normalidade média; desse

---

[84] BRASIL. Congresso Nacional. Constituição da República Federativa do Brasil. "Art. 37. A administração pública direta e indireta de qualquer dos Poderes da União, dos Estados, do Distrito Federal e dos Municípios obedecerá aos princípios de legalidade, impessoalidade, moralidade, publicidade e eficiência (...)".

[85] COSTA, Regina Helena. *Praticabilidade e justiça tributária*. São Paulo: Malheiros, 2007, p. 158 e 232.

PRINCÍPIOS EM ESPÉCIE

modo elas produzem um tratamento desigual no caso concreto (exemplo: um custo de propaganda montante global na quantia 'x' trata corretamente segundo o princípio de liquidez apenas os casos nos quais os custos de propaganda importem em 'x'; todos os demais são privilegiados ou prejudicados).

No mesmo sentido, doutrina Misabel Derzi[86] que as "presunções legais, ao contrário das ficções, decorrem ordinariamente de tipificações prévias. O legislador considera, na sua formulação, o grupo de casos típicos, o padrão médio ou freqüente." Salienta, ainda que, em "se estabelecendo uma presunção legal (em especial, iuris et de iure) ou uma ficção, não tem sentido, porém, indagar se, genericamente ou no caso dado, o legislador de fato erigiu como padrão social o que é mais representativo ou freqüente, pois o tipo social não está na lei, não é jurídico, apenas norteou ou inspirou o critério normativo".

Assim, o contribuinte deverá ser preocupar com suas atividades pessoais e profissionais, despendendo o menor custo possível na sua administração tributária, que deverá ser mera consequência natural do desenvolvimento da atividade posta em comércio.

Por esta razão é que Fernando Aurélio Zilveti[87] cita como exemplo de praticidade tributária a instituição da substituição tributária, conforme descrita no art. 150, § 7º, da Constituição Federal[88], concluindo que é método legítimo de instituição de um "facilitador" na arrecadação de tributos.

No entanto, alerta: "O critério legal de apuração de riqueza pode, e deve, ser estipulado mediante a utilização de instrumentos normativos que levem em conta o princípio da praticabilidade". O autor arremata a questão assinalando que "Regimes tributários que utilizam técnicas de simplificação, presunção, antecipação, retenção, substituição, não-cumu-

---

[86] DERZI, Misabel de Abreu Machado. *Direito tributário, direito penal e tipo.* São Paulo: RT, 1988, p. 105.

[87] ZILVETI, Fernando Aurélio. *Os Limites da Praticabilidade diante do Princípio da Capacidade Contributiva*, in Direito Tributário Atual, vol. 22, São Paulo: Dialética, 2.008, pp. 179-192.

[88] BRASIL. Congresso Nacional. Constituição da República Federativa do Brasil: "Art. 150. (...) § 7.º A lei poderá atribuir a sujeito passivo de obrigação tributária a condição de responsável pelo pagamento de imposto ou contribuição, cujo fato gerador deva ocorrer posteriormente, assegurada a imediata e preferencial restituição da quantia paga, caso não se realize o fato gerador presumido".

latividade, dentro outros, invariavelmente representam um ônus fiscal ao contribuinte, relevando em nome do princípio da praticabilidade".

A doutrina de Misabel Abreu Machado Derzi[89] bem descreve o objetivo consubstanciado no princípio da praticabilidade, afirmando que "se manifesta pela necessidade de utilização de técnicas simplificadoras da execução das normas jurídicas" com a pretensão de "evitar a investigação exaustiva do caso isolado, com o que se reduzem os custos na aplicação da lei; dispensar a colheita de provas difíceis ou mesmo impossíveis em cada caso concreto ou aquelas que representem ingerência indevida na esfera privada do cidadão e, com isso, assegurar a satisfação do mandamento normativo".

Portanto, um primeiro olhar lançado sobre o princípio da praticabilidade faz concluir a necessidade de criação de um sistema desburocratizado.

III. 4. 1. O conteúdo do princípio da praticabilidade tributária

No entanto, entendemos que o que está por trás de tal princípio é mais profundo, pressupondo que o sistema tenha uma lógica que seja de fácil compreensão, não apenas no preenchimento pelo contribuinte de seus deveres instrumentais ou do menor *tempo gasto com o cumprimento do planejamento tributário, mas que o sistema tenha uma racionalidade tal que sua visão geral seja de fácil entendimento para o homem comum.*

Em outras palavras, um sistema racionalizado e que leve em conta a praticabilidade tributária deve ter competências tão bem definidas que estas deverão ser intuídas pelo cidadão médio e não deveriam gerar dúvidas.

Sobre este ponto, Fernando Aurelio Zilveti[90] alerta que "como exemplos negativos de falta de praticabilidade na legislação tributária brasileira pode-se mencionar, ainda, o ICMS e ISS cobrados sobre alimentação e bebidas, dos bares, restaurantes, hotéis e similares. Nestes tributos cobrados pelos estados e municípios são feitas proporções de mercadorias, bebidas e serviços, que confundem o contribuinte, facilitam a sonegação

---

[89] Derzi, Misabeu Abreu Machado. *Direito Tributário, Direito Penal e Tipo*, São Paulo: RT, 1.998, p. 105.

[90] Zilveti, Fernando Aurélio. *Princípios de Direito Tributário e a Capacidade Contributiva*, São Paulo: Quartier Latin, 2.004, p. 318.

e criam discussões sobre a incidência dos impostos, suscitando ações judiciais quanto à constitucionalidade da forma de arrecadação".

A solução de eventuais conflitos em um sistema prático deverá ser buscada, não por um regramento exaustivo, mas pelas soluções lógicas que seriam ordinariamente aplicadas em situações semelhantes.

III. 4. 2. Exemplo da aplicação do princípio da praticabilidade tributária

Para que se possa citar um exemplo cotidiano da aplicabilidade do princípio da praticabilidade tributária, veja-se a decisão proferida pelo Superior Tribunal de Justiça no recurso especial 1.011.531/SC, cujo relator, Ministro José Delgado, conduziu entendimento no sentido de que uma empresa que, pela peculiaridade de sua atividade (apenas acumulava créditos de ICMS, porque exportadora), deveria ter autorizada a utilização de tais créditos como custo na apuração de seus lucros para fins de Imposto de Renda.

> Com efeito, o núcleo da fundamentação do acórdão explicita que a denegação do pedido formulado em recurso de apelação pela empresa contribuinte, no caso concreto, resultaria em tributação indevida,como se demonstra: A impossibilidade da consideração como custo do ICMS suportado na aquisição de mercadorias, para fins de apuração do lucro, pode não afrontar a capacidade contributiva quando haja, efetivamente, a utilização de tais créditos no pagamento de ICMS e/ou funcione adequadamente a sistemática de ressarcimentos. Porém, em se tratando de empresa exportadora imune ao pagamento de ICMS, que se vê acumulando créditos mês a mês sem que consiga transferir a terceiros tampouco obter junto ao Estado o ressarcimento de tal custo tributário, a norma do regulamento que proíbe que se considere o ICMS suportado como custo (art. 289, § 3º, do Dec. 3.000/99) acaba por implicar a tributação de lucro inexistente, tanto a título de IRPJ como de CSLL.

Ora, a compreensão de um sistema pautado pela praticabilidade tributária deve passar, necessariamente, pela conclusão de que os problemas de ordem prática dos contribuintes devem ter uma solução de aplicação imediata e intuitiva, exatamente o que tomado pelo Superior Tribunal de Justiça no caso.

É bem verdade que se poderia argumentar que, nestes casos a solução teria tamanha discricionariedade, que tornaria o sistema absolutamente imprevisível; no entanto, o princípio da praticabilidade, efetiva e corretamente aplicado, deverá criar mecanismos para que as soluções encontradas detenham certa carga de previsibilidade ou que, tomada uma alternativa diversa daquela esperada pelo sistema, esta possa por ele ser absorvida, se o prejuízo gerado não lhe for inviabilizador.

III. 5. Princípio da Solidariedade

O principio da solidariedade traz inerente à sua definição a razão de que o tributo é um dever fundamental decorrente do texto constitucional e assim é limitado e garantido como expressão última da liberdade e dos direitos fundamentais, como ensina Ricardo Lobo Torres[91]; portanto, a tributação é forma de distribuição de riqueza, pois os valores arrecadados devem ser utilizados pelo Estado para investir na formação de uma sociedade com igualdade de condições[92].

Enrico De Mita[93] teoriza que a tributação deve atingir qualquer manifestação de riqueza individualmente considerada, para que seja entendida como o sacrifício pessoal a ser realizado pelo contribuinte, pelo paradigma

---

[91] TORRES, Ricardo Lobo. Tratado *de Direito Constitucional Financeiro e Tributário – Valores e Princípios Constitucionais Tributários*, vol. II, Rio de Janeiro: Renovar, 2.005, pp. 180-182.

[92] TORRES, Ricardo Lobo. Tratado *de Direito Constitucional Financeiro e Tributário – Valores e Princípios Constitucionais Tributários*, vol. II, Rio de Janeiro: Renovar, 2.005, p. 182: *"A idéia de solidariedade se projeta com muita força no direito fiscal por um motivo de extraordinária importância: o tributo é um dever fundamental. Sim, o tributo se define como o dever fundamental estabelecido pela Constituição no espaço aberto pela reserva da liberdade e pela declaração dos direitos fundamentais. Transcende o conceito de mera obrigação prevista em lei, posto que assume dimensão constitucional. O dever não é pré-constitucional, como a liberdade, mas se apresenta como obra eminentemente Constitucional. Ora, se a solidariedade exibe primordialmente a dimensão do dever segue-se que não encontra melhor campo de aplicação que o do direito tributário, que regula o dever fundamental de pagar tributo, um dos pouquíssimos deveres fundamentais do cidadão no Estado Liberal, ao lado dos de prestar o serviço militar, compor o júri e servir à justiça eleitoral. [...] A solidariedade fiscal está imbricada na liberdade, pois o dever fundamental de pagar tributos é correspectivo à liberdade e os direitos fundamentais: é por eles limitado e ao mesmo tempo lhes serve de garantia, sendo por isso o preço da liberdade. Mas direitos e deveres fundamentais não se confundem, em absoluto, pois a liberdade que se transforma em dever fundamental, por outro lado, integra a estrutura bilateral e correlativa do fenômeno jurídico: gera o direito de o Estado cobrar tributos e, também, o dever de prestar serviços públicos; para o contribuinte cria o direito de exigir os ditos serviços públicos".*

[93] MITA, Enrico de. *O Princípio da Capacidade Contributiva*, in Princípios e Limites da Tributação, coord. Roberto Ferraz, São Paulo: Quartier Latin, 2.005, pp. 249-251.

de que toda capacidade contributiva deve corresponder a uma redução do patrimônio do seu titular.

Rodrigo Maito da Silveira[94], analisando o princípio da solidariedade em face do princípio da livre concorrência, afirma que "desde que asseguradas condições mínimas de dignidade para os indivíduos, as desigualdades patrimoniais, no livre exercício da concorrência, são legítimas".

O autor assevera que "A tributação deve levar em conta essa realidade, de tal forma que a solidariedade, abstratamente considerada, não seja uma panacéia para permitir qualquer espécie de tratamento tributário que, sob a justificativa de equilibrar as forças de mercado, acabe por afetar a livre concorrência".

A ética tributária buscada pelo princípio da solidariedade, calcada nos alicerces da dignidade dos indivíduos, desigualdades patrimoniais e exercício da concorrência citadas por Maito da Silveira decorrem do fundamento constitucional contido no inciso I, do art. 3º, da Constituição Federal, que estabelece como objetivos fundamentais da República Federativa do Brasil construir uma sociedade livre, justa e solidária, ou do inciso III, do mesmo artigo[95], que trata da meta de erradicação da pobreza e redução das desigualdades sociais e regionais, como pontuado por Fernando Lemme Weiss[96].

Por esta razão é que se passa a evidenciar o quanto se busca de valor axiológico a ser extraído do princípio da solidariedade e os limites que o próprio texto constitucional impõe à sua aplicação irrestrita, especialmente porque, como se terá a oportunidade de evidenciar nos capítulos finais deste trabalho, este princípio tem sido utilizado como um coringa para justificar todo tipo de abuso na área da tributação.

III. 5. 1. O valor que decorre do princípio da solidariedade

Exatamente por essa razão é que se sustenta neste trabalho que a interpretação do texto constitucional para a construção de um conceito não deverá

---

[94] SILVEIRA, Rodrigo Maito, *Tributação e Concorrência*, Tese de Doutorado, USP, 2.009, p. 55.

[95] BRASIL. Congresso Nacional. Constituição da República Federativa do Brasil. "Art. 3º Constituem objetivos fundamentais da República Federativa do Brasil: I – construir uma sociedade livre, justa e solidária; II – garantir o desenvolvimento nacional; III – erradicar a pobreza e a marginalização e reduzir as desigualdades sociais e regionais (...)".

[96] WEISS, Fernando Lemme. *Princípios Tributários e Financeiros*, Rio de Janeiro: Lumen Juris, 2006. p. 119.

O CONCEITO DE SERVIÇO E A CONSTITUIÇÃO BRASILEIRA

ser estanque em relação ao seu momento histórico, mas jamais poderá ultrapassar as barreiras daqueles conceitos que são ordinariamente aceitos pelo povo, considerado o conjunto do conhecimento até então formado.

Neste sentido, é a advertência formulada por João Maurício Adeodato, citando Friedrich Muller, de que a "tópica jurídica apresenta o problema de uma excessiva 'abertura' em relação ao texto normativo, considerado apenas expressão de um *topos* dentre outros. (...) recusa o primado dogmático da conexão com o texto e torna a 'orientação por meio de problemas' uma abordagem demasiadamente livre, que não consegue estabelecer um procedimento seguro para a decisão, indispensável em um Estado democrático de direito".

De qualquer forma, a importância do Judiciário na definição de conceitos é uma realidade que não pode ser afastada, ainda que as recentes decisões da Suprema Corte tenham sido contundentemente criticadas por João Maurício Adeodato[97] para quem o crescimento deste protagonismo não tem sido devidamente correspondido.

Assevera que "Mesmo em países com menos problemas estruturais do que o Brasil, juristas e filósofos como Ingebro Maus vem clamando sobre o perigo de uma 'moral do judiciário' e advertindo sobre a inviabilidade de este poder exercer o papel de 'superego da sociedade órfã'".

Vale dizer que o princípio da solidariedade deve ser entendido como a necessidade de que todos contribuam para a arrecadação de tributos que, *ultima ratio*, deveria reverter em benefícios para a sociedade, como um todo, por meio de políticas públicas, porém tal solidariedade jamais deve ser utilizada para legitimar a cobrança de tributos não autorizados, mesmo que implicitamente, pela Constituição Federal, único sentido que dele deve ser extraído, vez que não pode ser chamado a legitimar carga fiscal imposta por meio de uma pretensa "justiça fiscal" aludida pelo intérprete da norma.

III. 6. O Princípio Federativo

Não obstante os princípios até o momento tratados tenham seu maior valor axiológico voltado à interpretação das regras que formam o ordenamento jurídico pátrio, não há como se falar no estudo dos conteúdos

---

[97] ADEODATO, João Maurício. *A Retórica Constitucional – Sobre tolerância, Direitos Humanos e Outros Fundamentos éticos do Direito Positivo*. 2ª ed. São Paulo: Saraiva, 2010, p. 224

PRINCÍPIOS EM ESPÉCIE

normativos em matéria tributária sem que se leve em conta o princípio federativo.

Isso porque, para que a união indissolúvel dos Estados, Municípios e Distrito Federal, como preceitua o artigo 1º, da Constituição Federal[98] seja efetiva, há de se levar em conta que cada um dos entes que pertencerão a esta Federação indissolúvel tenha sua própria forma de manutenção de recursos, para que não tenha que se subordinar a qualquer outra com o repasse de recursos[99], caso contrário, haveria, necessariamente, uma forma de subordinação[100].

De fato, como apontado por Oswaldo Aranha Bandeira de Mello[101], o pacto federativo apenas há de ser respeitado se houver (i) repartição de competências entre a União e os demais entes; (ii) autonomia dos entes federados e; (iii) participação dos entes federados nas decisões tomadas pela União enquanto representante do Estado Nacional.

Por sua vez, Geraldo Ataliba[102] relaciona as características que, no seu entender, poderiam identificar a existência de uma Federação. São elas a existência de uma Constituição rígida, com repartição de competências entre os entes e suas contrapartidas, os deveres relacionados de cada um; o poder de auto-organização de cada um destes entes federados, em sua

---

[98] BRASIL. Congresso Nacional. Constituição Federal. "Art. 1º. A República Federativa do Brasil, formada pela união indissolúvel dos Estados e Municípios e do Distrito Federal, constitui-se em Estado Democrático de Direito (...)". No mesmo sentido e a partir do mesmo texto, confira-se: "Art. 18. A organização político-administrativa da República Federativa do Brasil compreende a União, os Estados, o Distrito Federal e os Municípios, todos autônomos, nos termos desta Constituição".

[99] Cf. BASTOS, Celso Ribeiro. *Curso de Direito Financeiro e de Direito Tributário.* 4ª ed. São Paulo: Saraiva, 1995, p. 125. Ressalta o doutrinador: "É um dos suportes fundamentais da Federação o poder de instituir e arrecadar tributos próprios. Não poderia haver uma efetiva autonomia dos diversos entes que compõem a Federação se estes dependessem tão-somente das receitas que lhes fossem doadas".

[100] Cf. BORGES, José Souto Maior. *Lei Complementar Tributária,* São Paulo: RT-EDUC, 1975, p. 196: "A competência para tributar é um instrumental da autonomia do Município, por isso mesmo que, sem autonomia financeira, a autonomia política e administrativa é falaciosa. Quem dá o fim (a autonomia política e administrativa), dá o meio (a autonomia financeira)".

[101] MELLO, Oswaldo Aranha Bandeira de. *Natureza Jurídica do Estado Federal.* São Paulo, 1948, pp. 17-18.

[102] ATALIBA, Geraldo. Federação. *Revista de Direito Público.* vol. 81. São Paulo, 1987, pp. 174--175.

estrutura política e financeira; existência de território e um povo, tanto do Estado Federal quanto dos entes federados, sendo que neste segundo caso o povo deverá ter representação junto ao Estado Federal por meio do Parlamento; devendo haver, ainda, a existência de uma Corte Constitucional que assegure a supremacia da Constituição.

Os requisitos acima representam a existência de um Estado Federado pleno, ainda que este possa existir, mesmo diante da ausência de quaisquer dos elementos[103].

III. 6. 1. O princípio federativo como organização de Estado

Pode-se concluir que ainda que com ordens jurídicas diversas, União, Estados e Municípios estão no mesmo plano hierárquico e seu arcabouço jurídico deve organizar-se em harmonia, na medida em que naquilo que conflitam, o próprio sistema constitucional deve informar qual a competência correta ou a que deverá prevalecer, a depender do conteúdo disciplinado, recorrendo-se mais uma vez ao quanto explicitado por Roque Antonio Carrazza[104].

É também como discorre Celso Ribeiro Bastos[105] ao informar que o Estado Federal apresenta-se, ora como Estado unitário, manifestando-se

---

[103] Neste sentido, CARRAZZA, Roque Antônio. *Curso de Direito Constitucional Tributário*, 24ª ed., São Paulo: Malheiros, 2008, p. 125 informa que vários doutrinadores já dissentiram sobre os critérios mínimos para constituição do Estado Federal, como conclusão do fato de que cada Federação tem o reflexo das peculiaridades que lhe imprimem o ordenamento jurídico local.

[104] CARRAZZA, Roque Antônio. *Curso de Direito Constitucional Tributário*, 24ª ed., São Paulo: Malheiros, 2008, p. 141: "(...) a União e os Estados-membros ocupam, juridicamente, o mesmo plano hierárquico. Daí por que devem receber tratamento jurídico-formal isonômico. Esta igualdade jurídica – como bem demonstrou Souto Maior Borges – absolutamente não significa que a União e os Estados se confundem, mas, apenas, que suas atribuições, conquanto diversas, correspondem a feixes de competência postos em atuação mediante princípios e normas estatuídos na Lex Major. As diferenças entre eles não estão, repetimos, nos níveis hierárquicos que ocupam; estão, sim, nas competências distintas que recebem da própria Constituição. Laboram em erro os que vêem uma relação hierárquica entre o governo central e os governos locais. O que há, na verdade, são, para cada uma das entidades políticas, campos de ação autônomos e exclusivos, estritamente traçados na Carta Suprema, que lei alguma pode alterar".

[105] BASTOS, Celso. *Curso de direito constitucional.* 19ª ed. São Paulo: Saraiva, 1998, pp. 269-297.

PRINCÍPIOS EM ESPÉCIE

em nome próprio, ora se apresentando como Estado Federal, representando de forma conjunta os interesses das unidades que o compõem.

A transposição deste raciocínio gera inúmeras repercussões na ordem tributária, vez que os entes federados detêm o poder de auto-gerência financeira e não poderiam sofrer interferências uns dos outros, salvo aquelas constitucionalmente permitidas, como a instituição obrigatória do ICMS ou até mesmo a fixação de alíquotas por meio de atos normativos do Senado Federal no ICMS ou no ISS; no entanto, mesmo para questões que aparentemente o conflito de competências seria meramente aparente – posto que, em princípio, o texto constitucional não abriria espaço para que elas existissem –, as discussões doutrinárias sobre os limites de atuação de cada um dos entes federados demonstram que tais temas não são de interpretação hialina[106].

III. 6. 2. O valor esperado a partir do princípio federativo

Inserindo-se o princípio federativo no tema deste estudo, tem-se que a estrita definição das competências tributárias[107] de cada um dos entes está entre os principais balizadores da interpretação dos critérios que compõem as matrizes de incidência dos tributos, pois uma interpretação mais elástica do que a devida poderá significar a intromissão do poder tributante de um ente sobre a competência de outrem e uma interpretação restritiva poderá representar o esgotamento de recursos.

Nesta esteira, conforme apontado por Francisco Campos[108], a avaliação de solidez de um regime federativo passa pela impossibilidade de que um ente federado possa constranger, limitar, reduzir ou cercear o poder

---

[106] Veja-se, neste sentido, as discussões trazidas por CARRAZZA, Elizabeth Nazar. *O Imposto sobre Serviços na Constituiçao.* Dissertação de Mestrado apresentada na Pontifícia Universidade Católica de São Paulo, na área de concentração de Direito Tributário, sob orientação do Professor Geraldo Ataliba. São Paulo, 1976, pp. 29-30, sobre as funções e limites da lei complementar (lei federal x lei nacional).

[107] CARRAZZA, Elizabeth Nazar. *O Imposto sobre Serviços na Constituição.* Dissertação de Mestrado apresentada na Pontifícia Universidade Católica de São Paulo, na área de concentração de Direito Tributário, sob orientação do Professor Geraldo Ataliba. São Paulo, 1976, p. 8: "O legislador constituinte, ao cuidar do sistema constitucional tributário, adotou a técnica de prescrever de modo exaustivo, as áreas nas quais podem as pessoas políticas exercer a tributação, estabelecendo, assim, um sistema rígido de distribuição de competências".

[108] CAMPOS, Francisco. Regime federativo – competência da União e dos Estados – imunidade tributária – poderes implícitos – descentralização administrativa – imposto do selo

de regulamentar do outro, porque este deixaria de ser senhor dos meios e instrumentos necessários aos deveres constitucionais que a ele foram atribuídos.

Tem-se, desta forma, que a construção de um conceito para fins tributários com a consequente definição do critério material da regra matriz deve respeitar (i) os limites impostos pela própria Constituição à sua competência tributária; e (ii) a competência tributária imposta a outro entre federado, nas hipóteses de aparente conflito de competências.

III. 6. 3. Federação e Autonomia dos Municípios

Nos termos já explicitados no presente estudo, no campo da tributação, a Constituição Federal deixou pouca margem de manobra aos legisladores infraconstitucionais da União, dos Estados, do Distrito Federal e dos Municípios.

Esta configuração, inclusive, foi protegida pela Carta Magna ao dispor que não poderá sequer ser objeto de deliberação pelo Parlamento proposta de emenda tendente a abolir a forma federativa de Estado, conforme se verifica do artigo 60, §4º, I, da CF.

Vedar alterações na forma federativa de Governo no Brasil representa, em significativa parte, vedar todo tipo de alteração do sistema idealizado pela Carta Magna para financiar os entes federados, o que representa dizer que alterações no sistema tributário são de difícil concretização, como adverte Paulo de Barros Carvalho[109], para quem, a cada nova alteração da distribuição da competência tributária "os limites constitucionais poderão ser levantados e, mesmo assim, dentro do binômio 'federação e autonomia dos municípios".

Vale trazer à colação também o quanto exposto por Heleno Taveira Torres, para quem[110]:

> Esta autonomia municipal vê-se garantida constitucionalmente contra qualquer invasão de competências por parte da União ou Estados sobre as

---

– isenção e incidência. *Revista de direito administrativo*, Renovar, Rio de Janeiro, nº 78, 1965, pp. 441/442.

[109] CARVALHO, Paulo de Barros. *Curso de Direito Tributário*. 15ª ed. São Paulo: Saraiva, 2003, p. 219.

[110] TORRES, Heleno Taveira. *Direito Constitucional Tributário e Segurança Jurídica*. 2ª ed. São Paulo: RT, 2012, p. 491.

competências de cada municipalidade. Basta pensar na autorização para intervenção e no controle de constitucionalidade de lei, que podem ser usados contra qualquer ingerência sobre o exercício de competências. (...) Assim, para qualquer afetação às competências dos Municípios, resguarda-se o livre acesso ao Judiciário, no controle de inconstitucionalidade, além dos poderes atribuídos à União para intervir em Estados que atentem contra a autonomia municipal".

Portanto, há de se concluir que a autonomia conferida aos municípios pela Carta Magna mostra-se inafastável, ao que se deve estudar sua autonomia financeira, consequência maior da sua autonomia de arrecadar recursos por meio do exercício de suas competências tributárias; além disso, apresenta-se como premissa deste trabalho que o Município seja autônomo no exercício de suas competências, para que seja o único a quem possa ampliar ou restringir, dentro dos limites constitucionais, a cobrança do ISS.

III. 6. 3. 1. Autonomia enquanto impossibilidade de alteração das competências tributárias

Importante pontuar, inclusive, que divergimos das conclusões de Marcelo Caron Baptista[111] e Cristiano Franco Martins[112] acerca da possibilidade de alteração nas competências arrecadatórias nas hipóteses de (i) alteração do sistema de repartição das receitas tributárias ou; (ii) transferência de responsabilidades constitucionais das pessoas políticas.

[111] BAPTISTA, Marcelo Caron. *ISS – do texto à norma*. São Paulo: Quartier Latin, 2005, p. 101: "(...) a modificação da competência tributária seria pertinente se: i) diante da supressão de uma incidência atualmente possível ou mesmo da transferência de parcela dessa competência a outro ente federado, fosse proporcionalmente modificado o sistema de repartição das receitas tributárias, de que trata a Seção VI, do Capítulo I, do Título VI, da Constituição Federal (arts. 157-162), ou, ainda, ii) fosse manejada a competência constitucional das pessoas políticas, em ambos os casos, transferindo determinados deveres a outra esfera de poder, de forma a manter o equilíbrio financeiro daquela que tivesse tido amesquinhada a sua capacidade de tributar e arrecadar".

[112] MARTINS, Cristiano Franco. *Princípio Federativo e Mudança Constitucional: limites e possibilidades na Constituição Brasileira de 1988*. Rio de Janeiro: Lumen Juris, 2003, p. 175: "O importante é que se preserve o equilíbrio entre a receita autônoma e as responsabilidades impostas aos entes federados. Assim, nenhuma emenda constitucional pode privar o ente federado de uma receita autônoma capaz de suportar os encargos que a Constituição lhe impôs".

Isso porque, em nosso entender, a alteração do sistema de repartição das receitas tributárias impõe, necessariamente, que haja repasses dos valores arrecadados por um ou por outro ente Federado; tendo em vista que nosso sistema não prevê um modelo eficaz de solução quando os repasses não são realizados corretamente, entendemos que não será possível proposta de emenda tendente a alterar também a repartição das receitas tributárias, ao que o sistema se mostra ainda mais rígido e apenas vem a corroborar a premissa sustentada[113].

Por outro lado, não entendemos ser possível proceder às tentativas de emendas constitucionais tendentes a alterar o sistema das competências tributárias quando houver transferência das responsabilidades atribuídas às pessoas políticas, na medida em que entendemos que estas não são possíveis de serem transferidas, ao menos em sua integralidade e sem que se rompa com a sistemática constitucional idealizada pela Carta Magna em sua origem.

Por esta razão é que seguimos os ensinamentos de Heleno Taveira Torres[114] para quem "No constitucionalismo brasileiro a segurança jurídica do municipalismo recebe destaque e reforço incontestável, com particular evidência no que concerne às competências tributárias". Complementa afirmando que:

> A autonomia dos Municípios em matéria tributária encontra-se expressamente designada no art. 30 da Constituição, ao prescrever como competência destes: III – instituir e arrecadar os tributos de sua competência, bem como aplicar suas rendas, sem prejuízo da obrigatoriedade de prestar contas e publicar balancetes nos prazos fixados em lei. São estes os impostos do art. 156 da CF, as taxas de serviço ou de poder de polícia de sua competência

---

[113] No que nos baseamos nas lições de CARRAZZA, Elizabeth Nazar. *O Imposto sobre Serviços na Constituição*. Dissertação de Mestrado apresentada na Pontifícia Universidade Católica de São Paulo, na área de concentração de Direito Tributário, sob orientação do Professor Geraldo Ataliba. São Paulo, 1976, p. 9: "É bem verdade que, no plano puramente teórico, pode-se sustentar a possibilidade de haver autonomia política, sem a correspondente financeira. No entanto, como é pressuposto da autonomia o uso dos próprios meios para atingir os próprios fins, uma pessoa política que não disponha de recursos próprios provavelmente não será autônoma. Se toda a competência tributária ficasse retida por uma única pessoa política, as outras possivelmente não existiriam com tais".

[114] TORRES, Heleno Taveira. *Direito Constitucional Tributário e Segurança Jurídica*. 2ª ed. São Paulo: RT, 2012, p. 491.

administrativa (art. 145, II, da CF), contribuições de melhoria (art. 145, III, da CF), a contribuição de iluminação pública (art. 149-A) e a contribuição dos servidores para o financiamento da previdência municipal ($1º do art. 149 da CF).

Conclui-se, portanto, que a inalterabilidade das competências tributárias atribuídas aos Municípios pelo Texto Constitucional decorre da sua própria autonomia administrativa e financeira, no que se revela de suma importância a correta delimitação desta competência tributária que, se muito extensa, daria carta branca para que os contribuintes fossem exigidos de tributos não autorizados pela Constituição e, por outro lado, caso fosse demasiadamente limitada, poderia significar o asfixiamento financeiro destes entes federativos.

III. 6. 3. 2. Municípios enquanto tuteladores dos interesses locais
Neste sentido, veja-se que aos Municípios foram atribuídos os interesses locais (artigo 30, I, da CF[115]), ao que não haveria como se idealizar o Estado Federado cuidando deste tipo de interesse, assim como não haveria de se imaginar os Municípios cuidando da política externa do país (art. 21, I, CF[116]), nem mesmo que para isso fossem transferidos recursos arrecadados por meio do exercício das competências tributárias.

Importante pontuar que existe doutrina no sentido de que a autonomia municipal não seria inalterável em nosso sistema, tendo em vista que os Municípios não integrariam de forma própria a Federação Brasileira; nessa esteira, Roque Antonio Carrazza[117] afirma que "(...) a autonomia municipal não é cláusula pétrea. O Congresso Nacional, no exercício de seu poder constituinte derivado, pode, querendo, aprovar emenda constitucional que venha a diminuir, ou mesmo, a eliminar a autonomia dos Municípios".

---

[115] BRASIL. Congresso Nacional. Constituição da República Federativa do Brasil: "Art. 30. Compete aos Municípios: I – legislar sobre assuntos de interesse local (...)".

[116] BRASIL. Congresso Nacional. Constituição da República Federativa do Brasil: "Art. 21. Compete à União: I – manter relações com Estados estrangeiros e participar de organizações internacionais (...)".

[117] CARRAZZA, Roque Antônio. *Curso de Direito Constitucional Tributário*, 24ª ed., São Paulo: Malheiros, 2008, p. 150.

Diverge-se de tais conclusões pelos seguintes motivos: (i) a Constituição Federal concedeu ao município atribuições bastante específicas, que não seriam assim atribuídas se estes não fossem membros efetivos e atuantes do sistema federativo originalmente idealizado; (ii) caso se pudesse conceber os municípios como meros administradores de investimentos em assuntos de interesse local, a Constituição não teria discriminado de forma tão específica as suas formas de arrecadação e faria com que os Municípios fossem meramente dependentes financeiramente dos repasses dos Estados; (iii) não há como se argumentar pela impossibilidade de interpretação da lista de serviços como se taxativa fosse (como será mais bem detalhado em tópico próprio, a seguir), se é possível sustentar que em nosso sistema Federativo poderia haver subordinação entre Municípios e União e Estados Federados.

Por estas razões é que se entende, com Geraldo Ataliba[118], que os Municípios devem ser considerados em sua autonomia política, financeira e administrativa[119], ao que qualquer reforma constitucional que venha a suprimir tal conteúdo consubstanciaria grave violação ao princípio federativo vigente, pilar sobre o qual serão desenvolvidas as conclusões expostas neste trabalho e será fomentado o debate sobre a necessidade de que o conceito de prestação de serviços seja revisto, ainda que se possa concluir pela impossibilidade de sua alteração diante do atual texto constitucional.

---

[118] ATALIBA, Geraldo. *República e constituição*. Atualização Rosolea Miranda Folgosi. 2ª ed. São Paulo: Malheiros, 1998, p. 46.

[119] No mesmo sentido, SILVA, José Afonso da. *Curso de Direito Constitucional Positivo*. 27ª ed. São Paulo: Malheiros, 2006, p. 622, que define a autonomia municipal como uma conjugação de capacidades entre (i) auto-organização; (ii) autogoverno (com eleições próprias realizadas entre os munícipes); (iii) capacidade normativa de assuntos próprios (relacionados com os interesses locais) e (iv) capacidade de auto-administração em relação a tais assuntos.

Capítulo IV
Conformação Histórico-Constitucional e Legal
da Tributação dos Serviços no Brasil

O histórico da formação do conceito de prestação de serviços passa, necessariamente, pela remontagem temporal da legislação que regrou a instituição e cobrança do imposto sobre serviços de maneira geral.

IV. 1. Sistema de inserção de novas normas no ordenamento

Importa pontuar, *ab initio*, que a introdução de um veículo normativo no ordenamento não tem o condão de afastar todas as normas que anteriormente regulamentavam um determinado assunto; e esta premissa não se faz válida apenas pelo que atualmente disciplina a Lei de Introdução ao Código Civil, mas é um princípio maior do Direito desde sempre acolhido pela melhor doutrina. O próprio regramento de como as normas são recepcionadas pelo sistema depois de inserido um novo normativo, já é forma de produção do Direito (fonte), como advertia Hans Kelsen[120].

Portanto, em linhas mestras, uma norma pré-existente, que seja válida ao momento da promulgação da nova norma de mesma categoria ou de categoria superior e como ela seja materialmente compatível, não deve ser considerada retirada do sistema e deve continuar irradiando seus efeitos, ao que mesmo uma norma do mais baixo escalão na pirâmide de

---

[120] KELSEN, Hans. *Teoria Pura do Direito.* 4ª ed., São Paulo, Martins Fontes, 1994, p. 233.

competências poderá permanecer válida atravessando a promulgação de mais de uma Constituição (podendo sofrer adequação no seu enquadramento hierárquico, de acordo com os requisitos do novo sistema, como, por exemplo, poderá ser considerada uma lei complementar se veicular normas gerais em determinada matéria e assim a classificar a Constituição Federal, ainda que originalmente tenha sido emanada como se Decreto fosse).

Tais observações são importantes porque a remontagem da formação de um conceito impõe a comunicação entre os vários instrumentos legais que regrarão o tema, sem que a existência de uma nova norma possa ser suficiente para retirar tudo aquilo que fora produzido, em termos de interpretação, até aquele momento.

IV. 2. Histórico constitucional e legislativo do Imposto sobre Serviços

Feita tal advertência, tem-se que a tributação que recai sobre os serviços tem sua origem na reforma fiscal francesa de 1954[121], ao que naquela oportunidade foi criada a *taxe sur les prestation des services*[122].

IV. 2. 1. A primeira aparição constitucional

Este conceito foi importado ao ordenamento pátrio, ao que a Emenda Constitucional nº 18, de 1965, trouxe a primeira previsão expressa que autorizou a tributação sobre os serviços, dispondo que competia à União o imposto sobre serviços de transportes e comunicações, salvo os de natureza estritamente municipal (art. 14, II), regulando ainda que competiria aos municípios o imposto sobre serviços de qualquer natureza, não compreendidos na competência tributária da União e dos Estados (art. 15)[123],

---

[121] Cf. Moraes, Bernardo Ribeiro de. Imposto municipal sobre serviços. *Revista de direito público*. São Paulo, vol. 1, jul.-set./1967, p. 180.

[122] Bernardo Ribeiro de Moraes, na obra citada na nota anterior, informa ainda que desde o Egito já se podiam encontrar resquícios históricos da tributação dos serviços, ao que naquela oportunidade eram os tintureiros o seu sujeito passivo; já Martins, Ives Gandra da Silva. *Curso de Direito Tributário*. 7ª ed., São Paulo: Saraiva, 2003, p. 16 recorda que em Roma, na época do Imperador Constantino, já existia também a imposição sobre aqueles que realizavam serviços, isentos na época os clérigos e aqueles que faziam trabalhos manuais.

[123] BRASIL. Congresso Nacional. Constituição Federal: "Art. 14. Compete à União o impôsto: I – sôbre operações de crédito, câmbio e seguro, e sôbre operações relativas a títulos e valôres imobiliários; II – sôbre serviços de transportes e comunicações, salvo os de natureza estri-

CONFORMAÇÃO HISTÓRICO-CONSTITUCIONAL E LEGAL DA TRIBUTAÇÃO DOS SERVIÇOS NO BRASIL

tendo delegado à lei complementar os critérios possíveis para distinguir as atividades que estariam sob a batuta tributária dos municípios[124].

Vê-se desta forma que, na primeira oportunidade em que um texto constitucional assegurou a possibilidade de tributação de atividades por um imposto que pudesse onerar as prestações de serviço, este tributo foi atribuído à competência dos municípios, à exceção dos serviços de transporte e comunicação, ainda que a lei complementar tivesse que defini-los.

A função de regulamentar tal dispositivo foi cumprida pela edição da Lei nº 5.172, de 25 de outubro de 1966; ocorre que, muito embora tivesse sido promulgada sob a forma de uma lei ordinária, pela matéria por ela tratada, foi recepcionada pelo ordenamento como lei complementar, ao que teve esse *status* reconhecido pelo artigo 7º, do Ato Complementar nº 36, de 13 de março de 1967, que também expressamente reconheceu sua recepção pelo Texto Maior promulgado também em 1967, denominando-a como "Código Tributário Nacional".

O Código Tributário Nacional explicitou as competências para tributar a prestação dos serviços, tratando em seções diversas acerca dos tributos da União (Seção V) e dos Municípios (Seção VI); o artigo 68[125], incluído na Seção V, disciplinada que os serviços sobre transporte e comunicações

tamente municipal. Art. 15. Compete aos Municípios o impôsto sôbre serviços de qualquer natureza, não compreendidos na competência tributária da União e dos Estados. Parágrafo único. Lei complementar estabelecerá critérios para distinguir as atividades a que se refere êste artigo das previstas no art. 12".

[124] Como registro histórico, a Constituição de 1946 já havia transferido aos Municípios a competência para instituir o imposto de indústrias e profissões e sobre as diversões públicas, conforme artigo 29, que assim dispunha: "Art. 29. Além da renda que lhes é atribuída por força dos §§ 2º e 4.11 do art. 15, e dos impostos que, no todo ou em parte, lhes forem transferidos pelo Estado, pertencem aos Municípios os impostos: III – de indústrias e profissões; IV – sobre diversões públicas". No entanto, é mesmo a Emenda de 1965 que dá os contornos do imposto como hoje se conhece a tributação sobre os serviços.

[125] BRASIL. Congresso Nacional. Lei nº 5.172/66: "Art. 68. O imposto, de competência da União, sobre serviços de transportes e comunicações tem como fato gerador: I – a prestação do serviço de transporte, por qualquer via, de pessoas, bens, mercadorias ou valores, salvo quando o trajeto se contenha inteiramente no território de um mesmo Município; II – a prestação do serviço de comunicações, assim se entendendo a transmissão e o recebimento, por qualquer processo, de mensagens escritas, faladas ou visuais, salvo quando os pontos de transmissão e de recebimento se situem no território de um mesmo Município e a mensagem em curso não possa ser captada fora desse território. Art. 69. A base de cálculo do imposto é o preço do serviço. Art. 70. Contribuinte do imposto é o prestador do serviço".

estariam à égide da competência tributária da União, estabelecendo que a base de cálculo do imposto seria o preço do serviço, enquanto o artigo 71[126], da Seção VI, informava que *"O imposto, de competência dos Municípios, sobre serviços de qualquer natureza tem como fato gerador a prestação, por empresa ou profissional autônomo, com ou sem estabelecimento fixo, de serviço que não configure, por si só, fato gerador de impostos de competência da União ou dos Estados".*

Interessante observar que o Código Tributário Nacional dispunha no artigo 71, § 1º, que para os efeitos daquela lei, considerar-se-ia serviço a

---

[126] BRASIL. Congresso Nacional. Lei nº 5.172/66: "Art. 71. O impôsto, de competência dos Municípios, sôbre serviços de qualquer natureza tem como fato gerador a prestação, por emprêsa ou profissional autônomo, com ou sem estabelecimento fixo, de serviço que não configure, por si só, fato gerador de impôsto de competência da União ou dos Estados. § 1º Para os efeitos dêste artigo considera-se serviço: I – locação de bens móveis; II – locação de espaço em bens imóveis, a título de hospedagem ou para guarda de bens de qualquer natureza; III – jogos e diversões públicas; IV – beneficiamento, confecção, lavagem, tingimento, galvanoplastia, reparo, consêrto, restauração, acondicionamento, recondicionamento e operações similares, quando relacionadas com mercadorias não destinadas à produção industrial ou à comercialização; V – execução, por administração ou empreitada, de obras hidráulica ou de construção civil, excluídas as contratadas com a União, Estados, Distrito Federal e Municípios, autarquias e emprêsas concessionárias de serviços públicos assim como as respectivas subempreitadas; VI – demais formas de fornecimento de trabalho, com ou sem utilização de máquinas, ferramentas ou veículos. § 2º Os serviços a que se refere o inciso IV do parágrafo anterior, quando acompanhados do fornecimento de mercadorias, serão considerados de caráter misto, para efeito de aplicação do disposto no § 3º do art. 53, salvo se a prestação de serviço constituir seu objeto essencial e contribuir com mais de 75 % (setenta e cinco por cento) da receita média mensal da atividade. Art. 72. A base de cálculo do imposto é o preço do serviço, salvo: I – quando se trate de prestação de serviço sob a forma de trabalho pessoal do próprio contribuinte, caso em que o imposto será calculado, por meio de alíquotas fixas ou variáveis, em função da natureza do serviço e outros fatores pertinentes, não compreendida nestes a renda proveniente da remuneração do próprio trabalho; II – quando a prestação do serviço tenha como parte integrante operação sujeita ao impôsto de que trata o artigo 52, caso em que êste impôsto será calculado sôbre 50% (cinqüenta por cento) do valor total da operação. II – Nas operações mistas a que se refere o § 2º do artigo anterior, caso em que o imposto será calculado sobre o valor total da operação, deduzido da parcela que serviu de base ao calculo do imposto sobre circulação de mercadorias, na forma do § 3º do artigo 53. III – Na execução de obras hidráulicas ou de construção civil, caso em que o imposto será calculado sobre o preço total da operação deduzido das parcelas correspondentes: a) ao valor dos materiais adquiridos de terceiros, quando fornecidos pelo prestador do serviço; b) do valor das subempreitadas, já tributadas pelo imposto. Art. 73. Contribuinte do imposto é o prestador do serviço".

locação de bens móveis, a locação de espaço em bens imóveis, os jogos e as diversões públicas, as atividades do setor têxtil quando não vinculadas à produção industrial ou comercialização, atividades relacionadas à construção civil e as demais formas de fornecimento de trabalho, sendo que a locação de bens móveis foi posteriormente julgada inconstitucional pelo Supremo Tribunal Federal à égide da atual Carta Política justamente sob o fundamento de que não poderia ser enquadrada como se prestação de serviços fosse.

IV. 2. 2. Arquétipo na Constituição de 1967
Retomado o histórico constitucional e legal da tributação sobre os serviços, outorgada a Carta de 1967, foi mantida inalterada a competência tributária já desenhada em 1965, ao que a União manteve sua competência para tributar serviços de transporte e comunicações, salvo os de natureza estritamente municipal (artigo 22) e aos municípios foi mantida a competência para tributar os serviços de qualquer natureza, não compreendidos nas competências tributárias da União ou dos Estados (artigo 25)[127].

Foi na Carta de 1967 que pela primeira vez surgiu a expressão de que os serviços seriam "de qualquer natureza" e que deveriam ser definidos "em lei complementar"; isso porque, ainda à égide da Emenda Constitucional 18/65, a lei complementar teria a função de estabelecer critérios para distinguir as atividades que estariam à égide do imposto sobre serviços daquelas sob a competência dos Estados, e não de elenca-los, sugestiva ou exaustivamente.

---

[127] BRASIL. Congresso Nacional. Constituição da República: "Art. 22 – Compete à União decretar impostos sobre: I – importação de produtos estrangeiros; II – exportação, para o estrangeiro, de produtos nacionais ou nacionalizados; III – propriedade territorial, rural; IV – rendas e proventos de qualquer natureza, salvo ajuda de custo e diárias pagas pelos cofres públicos; V – produtos industrializados; VI – operações de crédito, câmbio, seguro, ou relativas a títulos ou valores mobiliários; VII – serviços de transporte e comunicações, salvo os de natureza estritamente municipal; VIII – produção, importação, circulação, distribuição ou consumo de lubrificantes e combustíveis líquidos e gasosos; IX – produção, importação, distribuição ou consumo de energia elétrica; X – extração, circulação, distribuição ou consumo de minerais do País. Art. 25 – Compete aos Municípios decretar impostos sobre: I – propriedade predial e territorial urbana; II – serviços de qualquer natureza não compreendidos na competência tributária da União ou dos Estados, definidos em lei complementar".

IV. 2. 3. As alterações do DL 406/68

Interessante observar, no entanto, que em 31 de dezembro de 1968, a legislação infraconstitucional do imposto sobre serviços sofreu substancial alteração, com a edição do Decreto-lei nº 406, que alterou o texto do Código Tributário Nacional para revogar os artigos 71 e 73 e acrescentou ao ordenamento pátrio as seguintes disposições:

> Art. 8º. O impôsto, de competência dos Municípios, sôbre serviços de qualquer natureza, tem como fato gerador a prestação, por emprêsa ou profissional autônomo, com ou sem estabelecimento fixo, de serviço constante da lista anexa.
>
> § 1º Os serviços incluídos na lista ficam sujeitos apenas ao impôsto previsto neste artigo, ainda que sua prestação envolva fornecimento de mercadoria.
>
> § 2º Os serviços não especificados na lista e cuja prestação envolva o fornecimento de mercadorias ficam sujeitos ao impôsto de circulação de mercadorias.
>
> § 2º O fornecimento de mercadoria com prestação de serviços não especificados na lista fica sujeito ao impôsto sôbre circulação de mercadorias. (Redação dada pelo Decreto-Lei nº 834, de 1969)
>
> Art. 9º. A base de cálculo do impôsto é o preço do serviço.
>
> § 1º Quando se tratar de prestação de serviços sob a forma de trabalho pessoal do próprio contribuinte, o impôsto será calculado, por meio de alíquotas fixas ou variáveis, em função da natureza do serviço ou de outros fatores pertinentes, nestes não compreendida a importância paga a título de remuneração do próprio trabalho.
>
> § 2º Na execução de obras hidráulicas ou de construção civil o impôsto será calculado sôbre o preço deduzido das parcelas correspondentes:
>
> a) ao valor dos materiais adquiridos de terceiros, quando fornecidos pelo prestador de serviços;
>
> b) ao valor das subempreitadas já tributadas pelo impôsto.
>
> § 2º Na prestação dos serviços a que se referem os itens 19 e 20 da lista anexa o impôsto será calculado sôbre o preço deduzido das parcelas correspondentes: (Redação dada pelo Decreto-Lei nº 834, de 1969)
>
> a) ao valor dos materiais fornecidos pelo prestador dos serviços; (Redação dada pelo Decreto-Lei nº 834, de 1969)

CONFORMAÇÃO HISTÓRICO-CONSTITUCIONAL E LEGAL DA TRIBUTAÇÃO DOS SERVIÇOS NO BRASIL

b) ao valor das subempreitadas já tributadas pelo impôsto. (Redação dada pelo Decreto-Lei nº 834, de 1969)

3º. Quando os serviços a que se referem os itens I, III IV (apenas os agentes da propriedade industrial), V e VII da lista anexa forem prestados por sociedades estas ficarão sujeitas ao impôsto na forma do § 1º, calculado em relação a cada profissional habilitado, sócio, empregado ou não, que preste serviços em nome da sociedade embora assumindo responsabilidade pessoal, nos têrmos da lei aplicável.

§ 3º Quando os serviços a que se referem os itens 1, 2, 3, 5, 6, 11, 12 e 17 da lista anexa forem prestados por sociedades, estas ficarão sujeitas ao impôsto na forma do § 1º, calculado em relação a cada profissional habilitado, sócio, empregado ou não, que preste serviço em nome da sociedade, embora assumindo responsabilidade pessoal, nos têrmos da lei aplicavél. (Redação dada pelo Decreto-Lei nº 834, de 1969)

§ 3º Quando os serviços a que se referem os itens 1, 4, 8, 25, 52, 88, 89, 90, 91 e 92 da lista anexa forem prestados por sociedades, estas ficarão sujeitas ao imposto na forma do § 1º, calculado em relação a cada profissional habilitado, sócio, empregado ou não, que preste serviços em nome da sociedade, embora assumindo responsabilidade pessoal, nos termos da lei aplicável. (Redação dada pela Lei Complementar nº 56, de 1987)

§ 4º Na prestação do serviço a que se refere o item 101 da Lista Anexa, o imposto é calculado sobre a parcela do preço correspondente à proporção direta daela da extensão da rodovia explorada, no território do Município, ou da metade da extensão de ponte que una dois Municípios. (Incluído pela Lei Complementar nº 100, de 1999)

§ 5º A base de cálculo apurado nos termos do parágrafo anterior:(Incluído pela Lei Complementar nº 100, de 1999)

I – é reduzida, nos Municípios onde não haja posto de cobrança de pedágio, para sessenta por cento de seu valor; (Incluído pela Lei complementar nº 100, de 1999)

II – é acrescida, nos Municípios onde haja posto de cobrança de pedágio, do complemento necessário à sua integralidade em relação à rodovia explorada.(Incluído pela Lei complementar nº 100, de 1999)

§ 6º Para efeitos do disposto nos §§ 4º e 5º, considera-se rodovia explorada o trecho limitado pelos pontos eqüidistantes entre cada posto de cobrança de pedágio ou entre o mais próximo deles e o ponto inicial ou terminal da rodovia.(Incluído pela Lei Complementar nº 100, de 1999)

Art. 10. Contribuinte é o prestador do serviço.

Parágrafo único. Não são contribuintes os que prestem serviços em relação de emprêgo, os trabalhadores avulsos, os diretores e membros de conselhos consultivo ou fiscal de sociedades.

Art. 11. A execução, por administração, empreitada e subempreitada, de obras hidráulicas ou de construção civil e os respectivos serviços de engenharia consultiva, quando contratados com a União, Estados, Distrito Federal, Municípios, Autarquias e empresas concessionárias de serviços públicos, ficam isentos do imposto a que se refere o art. 8º. (Redação dada pela Lei Complementar nº 22, de 1974)

Parágrafo único – Os serviços de engenharia consultiva a que se refere este artigo são os seguintes: (Incluído pela Lei Complementar nº 22, de 1974)

I – elaboração de planos diretores, estudos de viabilidade, estudos organizacionais e outros, relacionados com obras e serviços de engenharia; (Incluído pela Lei Complementar nº 22, de 1974)

II – elaboração de anteprojetos, projetos básicos e projetos executivos para trabalhos de engenharia; (Incluído pela Lei Complementar nº 22, de 1974)

III – fiscalização e supervisão de obras e serviços de engenharia. (Incluído pela Lei Complementar nº 22, de 1974)

Art. 12. Considera-se local da prestação do serviço:

a) o do estabelecimento prestador ou, na falta de estabelecimento, o do domicílio do prestador;

b) no caso de construção civil o local onde se efetuar a prestação.

c) no caso do serviço a que se refere o item 101 da Lista Anexa, o Município em cujo território haja parcela da estrada explorada. (Incluída pela Lei Complementar nº 100, de 1999)

O referido Decreto-lei não apenas revogou parcialmente as disposições do Código Tributário Nacional como instituiu uma lista de serviços, trazida em seu anexo, na qual estariam descritos todos os serviços que poderiam ser tributáveis pelos municípios, discussão esta que depois se aprofundou sobre seu caráter ser meramente exemplificativo ou taxativo, o que se discutirá no capítulo oportuno deste trabalho (vide item IV.1).

No entanto, interessante notar que, se num primeiro momento a edição de uma lista de serviços, ampla e contendo diversos itens e atividades parecia ampliar o rol de serviços tributáveis em comparação com o § 1º, do artigo 71, do Código Tributário Nacional, tem-se que a previsão específica, em relação a uma previsão genérica, fez diminuir o rol de serviços tributáveis, com o que nunca concordaram com tal limitação doutrinadores como Geraldo Ataliba[128], José Souto Maior Borges[129], Marçal Justen Filho[130], Roque Carrazza[131] e Aires Barreto[132].

Retomando-se a construção histórica da tributação dos serviços no Brasil, o Decreto-lei nº 406/68, editado à égide da Carta Política de 1967 foi recepcionado pela Carta Política outorgada em 1969.

Ocorre que, pouco antes do Ato Institucional nº 1, de 17.10.69 entrar em vigor, o Decreto-lei nº 406 foi alterado pelo Decreto-lei nº 834, que, naquilo que interessa para o vertente estudo, alterou a lista dos serviços tributáveis, incluindo novas atividades.

---

[128] ATALIBA, Geraldo. Normas Gerais de Direito Financeiro e Tributário e Autonomia dos Estados e Municípios. *Revista de Direito Público*. vol. 10. São Paulo: Revista dos Tribunais, 1969, p. 45/80.

[129] BORGES, José Souto Maior. *Lei Complementar Tributária*. São Paulo: RT-EDUC, 1975, p. 21; BORGES, José Souto Maior. ISS (Impostos sobre serviços) na Constituição. *Revista de Direito Tributário*, nº 3, São Paulo: Malheiros, 1978, pP. 197-205.

[130] JUSTEN FILHO, Marçal. *O Imposto sobre Serviços na Constituição*. São Paulo: RT, 1985, p. 53.

[131] CARRAZZA, Roque Antônio. *Imposto sobre Serviços de Qualquer Natureza (ISS) nos serviços de Registros Públicos, cartorários e notariais*, parecer inédito, p. 7: "Terá, então, a lista de serviços caráter exemplificativo? Também não, porquanto muitos dos "serviços" nela contidos simplesmente não são serviços de qualquer natureza. É o caso da locação de bens móveis, típica cessão de direitos e, nesta medida, intributável por meio de ISS. A única pessoa política que poderia tributar, por meio de imposto, a cessão de direitos seria a União, com base em sua competência residual (art. 154, I, da CF). Lembramos que as competências tributárias – todas elas, sem exceção – estão sob reserva constitucional. Portanto, a Lista de Serviços, segundo estamos convencidos, não é nem taxativa, nem exemplificativa, mas, meramente sugestiva. Contém sugestões que, desde que constitucionais, poderão ser levadas em conta pelo legislador municipal, ao instituir, "in abstrato", o ISS. Prestações de serviços não mencionadas na referida Lista, desde que, evidentemente, tipifiquem verdadeiras prestações de serviços, poderão ser alvo de tributação. Feito o registro, no entanto, vamos aceitar que a Lista de Serviços é taxativa, porque nossa posição flagrantemente minoritária, não encontra a menor acústica em nossos Tribunais. Dito de outro modo, a maioria dos doutrinadores aceita que a Lista encerra um *numerus clausus*, de tal sorte que prestações que tipificam serviços podem perfeitamente nela não estar incluídas, inibindo, destarte, a competência tributária dos Municípios. Portanto, para os adeptos desta corrente, o Município não pode, nem mesmo por meio de lei, ampliar o rol de serviços constantes da Lista".

[132] BARRETO, Aires F. *ISS na Constituição e na Lei*. 3ª ed. São Paulo: Dialética, 2009, p. 110.

IV. 2. 4. Arquétipo na Constituição de 1969

O Texto Magno instituído pela Carta de 1967 sofreu profunda alteração por aquele introduzido pela Carta Política de 1969, sem que a competência tributária sobre os serviços tivesse sofrido qualquer revés, como se observa dos artigos 21 e 24 daquele normativo[133].

IV. 2. 5. As alterações da LC 56/87

O regramento acerca da prestação de serviços permaneceu sem alterações substanciais até a edição, em 1987, da Lei Complementar nº 56, de 15 de dezembro de 1987, que trouxe uma nova lista de serviços, também ampliando o leque de atividades tributáveis pelos municípios.

Isso porque, já à época, o Supremo Tribunal Federal inaugurava jurisprudência no sentido de que a lista de serviços teria caráter taxativo e somente poderiam ser tributadas as atividades por ela expressamente previstas[134], ao que a inclusão de novas atividades era medida que deveria se impor de maneira rotineira.

---

[133] BRASIL. Ministério da Marinha de Guerra, do Exército e da Aeronáutica Militar. "Art. 21. Compete à União instituir impôsto sôbre: I – importação de produtos estrangeiros, facultado ao Poder Executivo, nas condições e nos limites estabelecidos em lei, alterar-lhe as alíquotas ou as bases de cálculo; II – exportação, para o estrangeiro, de produtos nacionais ou nacionalizados, observado o disposto no final do item anterior; III – propriedade territorial rural; IV – renda e proventos de qualquer natureza, salvo ajuda de custo e diárias pagas pelos cofres públicos na forma da lei; V – produtos industrializados, também observado o disposto no final do item I; VI – operações de crédito, câmbio e seguro ou relativas a títulos ou valôres mobiliários; VII – serviços de transporte e comunicações, salvo os de natureza estritamente municipal; VIII – produção, importação, circulação, distribuição ou consumo de lubrificantes e combustíveis líquidos ou gasosos e de energia elétrica, impôsto que incidirá uma só vez sôbre qualquer dessas operações, excluída a incidência de outro tributo sôbre elas; e IX – a extração, a circulação, a distribuição ou o consumo dos minerais do País enumerados em lei, impôsto que incidirá uma só vez sôbre qualquer dessas operações, observado o disposto no final do item anterior. Art. 24. Compete aos municípios instituir impôsto sôbre: I – propriedade predial e territorial urbana; e II – serviços de qualquer natureza não compreendidos na competência tributária da União ou dos Estados, definidos em lei complementar".

[134] BRASIL. Supremo Tribunal Federal. "NÃO PODE A PREFEITURA EXIGIR ISS SOBRE SERVIÇOS BANCARIOS NÃO PREVISTOS NA LISTA ESPECIFICA. COMPETÊNCIA CONSTITUCIONAL DA UNIÃO. PRECEDENTES. RE CONHECIDO E PROVIDO". (RE 107844, Relator(a): Min. CORDEIRO GUERRA, Segunda Turma, julgado em 06/12/1985, DJ 07-02-1986 PP-00938 EMENT VOL-01406-02 PP-00332).

IV. 2. 6. Arquétipo na atual Constituição

Sobreveio, então, a edição da atual Carta Constitucional, que alterou de forma substancial a competência tributária dos entes federados; especificamente em relação aos serviços; a denominada Constituição Cidadã alterou a competência para prestação de serviços de transporte e comunicação – transferindo-a da União para os Estados e ao Distrito Federal –, e aos municípios foi garantida a competência para tributar os serviços de transporte intramunicipais e os demais serviços, desde que não contidos na competência dos Estados, perdendo, no entanto, a competência para a tributação dos serviços de comunicação intramunicipais.

Em outro giro verbal, se à égide das anteriores constituições os municípios guardavam a competência para tributar os serviços de forma "residual" à competência da União, passaram a poder tributar os serviços em exceção àqueles que foram atribuídos aos Estados. Reproduzem-se os excertos da Carta Magna que passaram a disciplinar a competência para a prestação dos serviços:

> Art. 155. Compete aos Estados e ao Distrito Federal instituir impostos sobre: (Redação dada pela Emenda Constitucional nº 3, de 1993) (...)
>
> II – operações relativas à circulação de mercadorias e sobre prestações de serviços de transporte interestadual e intermunicipal e de comunicação, ainda que as operações e as prestações se iniciem no exterior; (Redação dada pela Emenda Constitucional nº 3, de 1993) (...)

> Art. 156. Compete aos Municípios instituir impostos sobre: (...)
>
> III – serviços de qualquer natureza, não compreendidos no art. 155, II, definidos em lei complementar. (Redação dada pela Emenda Constitucional nº 3, de 1993) (...)
>
> § 3º Em relação ao imposto previsto no inciso III do caput deste artigo, cabe à lei complementar: (Redação dada pela Emenda Constitucional nº 37, de 2002)
>
> I – fixar as suas alíquotas máximas e mínimas;(Redação dada pela Emenda Constitucional nº 37, de 2002)
>
> II – excluir da sua incidência exportações de serviços para o exterior. (Incluído pela Emenda Constitucional nº 3, de 1993)
>
> III – regular a forma e as condições como isenções, incentivos e benefícios fiscais serão concedidos e revogados.(Incluído pela Emenda Constitucional nº 3, de 1993).

Conforme instituído pelo Ato das Disposições Constitucionais Transitórias no artigo 34, o sistema tributário da Constituição de 1967 deveria ser mantido até o primeiro dia do quinto mês seguinte ao da data da promulgação da Constituição de 1988, isto é, até 1º de março de 1989, ao que, a partir de então passou a vigorar o novo sistema tributário nacional, especialmente na parte que toca aos serviços, como mais bem detalhado anteriormente.

Com a edição da novel carta constitucional, foram absorvidas pelo sistema aquelas normas que com ele não eram conflitantes; neste sentido, foram recepcionados os dispositivos do Código Tributário Nacional que não haviam sido revogados pelo Decreto-lei 406/68, assim como este próprio, conforme a redação que lhe foi conferida pela Lei Complementar nº 56/87.

Importante pontuar, apenas para que não se perca nenhuma das alterações mais importantes perpetradas na LC 56/87 que em 22 de dezembro de 1999 foi editada a Lei Complementar nº 100, que incluiu o pedágio como um dos itens da lista de serviços e definiu a cobrança proporcional do ISS sobre esta atividade, tendo definido, ainda, em seu artigo 4º que "A alíquota máxima de incidência do imposto de que trata esta Lei Complementar é fixada em cinco por cento", dispositivo que ainda trouxe muita discussão, pois alguns sustentaram que a alíquota máxima de 5% seria aplicável apenas ao serviço de pedágio, enquanto outros defendiam que ao tratar do "imposto de que trata esta lei" o legislador quis falar do ISS como um todo, posição que prevaleceu junto ao Superior Tribunal de Justiça.

IV. 2. 7. As alterações perpetradas pela LC 116/03

Este sistema somente foi alterado pela promulgação, em 31 de julho de 2003, da Lei Complementar nº 116, que revogou diversos dispositivos do Decreto-lei 406/68 e trouxe uma nova lista de serviços, muito mais ampla que aquela anexa ao Decreto-lei 406 e com uma nova sistemática de agrupamento de atividades.

Importante mencionar, apenas a título de interesse científico – mas sem uma conexão direta com o objetivo deste trabalho –, que durante algum tempo a doutrina e jurisprudência divergiram se a Lei Complementar nº 116/03 teria revogado integralmente as disposições do Decreto-lei 406//68 ou se apenas nas partes em que conflitavam; além disso, discutiu-se se, caso tivesse sido mantida a validade e vigência do Decreto-Lei 406/68, se ele teria sido recebido pelo texto constitucional na parte em que previa a tributação por alíquotas fixas para as sociedades formadas por profissionais liberais.

O Supremo Tribunal Federal acabou por dar guarida ao argumento de que o DL 406/68 teria sido recebido pelo atual texto constitucional, conforme a Súmula nº 663, pela qual "os §§ 1º e 3º do art. 9º do Decreto-lei 406/1968 foram recebidos pela Constituição", ao que se pode afirmar que atualmente convivem em nosso ordenamento disposições do referido Decreto-lei, além das disposições da Lei Complementar nº 116/03.

Com as considerações acima é que se demonstra o histórico constitucional/legal dos contornos que regem a prestação de serviços no ordenamento pátrio, arcabouço sobre o qual será discorrido sobre a conformação do conceito de serviço.

Capítulo V
Função da Lei Complementar e Taxatividade da Lista de Serviços

V. 1. Pacto federativo e a lista de serviços

Conforme discorrido no tópico sobre o pacto federativo, uma das consequências da adoção deste sistema de organização de Governo é conferir aos entes federados a autonomia necessária para que possam fazer sua organização e também gestão financeira.

No estudo sobre a tributação dos serviços, tendo em vista que pela atual carta constitucional esta foi atribuída aos municípios, seu estudo há também de centrar-se nos dispositivos constitucionais que declaram o princípio da autonomia municipal, especialmente os artigos 29 e 30[135].

---

[135] BRASIL. Congresso Nacional. Constituição Federal. "Art. 29. O Município reger-se-á por lei orgânica, votada em dois turnos, com o interstício mínimo de dez dias, e aprovada por dois terços dos membros da Câmara Municipal, que a promulgará, atendidos os princípios estabelecidos nesta Constituição, na Constituição do respectivo Estado e os seguintes preceitos: (...) Art. 30. Compete aos Municípios: I – legislar sobre assuntos de interesse local; II – suplementar a legislação federal e a estadual no que couber; III – instituir e arrecadar os tributos de sua competência, bem como aplicar suas rendas, sem prejuízo da obrigatoriedade de prestar contas e publicar balancetes nos prazos fixados em lei; IV – criar, organizar e suprimir distritos, observada a legislação estadual; V – organizar e prestar, diretamente ou sob regime de concessão ou permissão, os serviços públicos de interesse local, incluído o de transporte coletivo, que tem caráter essencial; VI – manter, com a cooperação técnica e financeira da União e do Estado, programas de educação infantil e de ensino fundamental;

O primeiro estabelece as regras que conduzirão a vida política do município, com a eleição de seus administradores, enquanto o artigo 30 lhes confere a necessária autonomia administrativa, disciplinando que é de seu interesse a competência para legislar sobre assuntos locais[136].

Aliás, justamente por força da atribuição, pela Constituição Federal aos municípios da autonomia política, administrativa e financeira é que surgiram as primeiras discussões sobre a função da lei complementar no ISS e o caráter taxativo da lista de serviços implementada pela legislação nacional.

Isso porque, como afirma Aires F. Barreto[137], "o Município é autônomo e recebe suas competências diretamente da Constituição. Dada a sua posição de pessoa política, está situado no mesmo altiplano da União e dos Estados".

Neste sentido, a doutrina já debateu longamente sobre o quanto disposto no artigo 156, III, da Carta Política, que assim dispõe: "Art. 156. Compete aos Municípios instituir impostos sobre: (...) III – serviços de qualquer natureza, não compreendidos no art. 155, II, definidos em lei complementar".

Formulou-se a questão: qual seria essa lei complementar idealizada pelo Constituinte para discriminar os serviços aptos a serem tributados pelo ISS?

V. 2. Funções da lei complementar

A resposta a essa indagação passa, necessariamente, pela análise do artigo 146 do Texto Constitucional, no qual estão definidas as competências da lei complementar, quais sejam: i) dispor sobre conflitos de competência em matéria tributária, entre a União, os Estados, o Distrito Federal e os

---

(Redação dada pela Emenda Constitucional nº 53, de 2006) VII – prestar, com a cooperação técnica e financeira da União e do Estado, serviços de atendimento à saúde da população; VIII – promover, no que couber, adequado ordenamento territorial, mediante planejamento e controle do uso, do parcelamento e da ocupação do solo urbano; IX – promover a proteção do patrimônio histórico-cultural local, observada a legislação e a ação fiscalizadora federal e estadual".

[136] Nesta esteira, doutrina e jurisprudência convergem para o fato de que o município tem ampla capacidade de disciplinar os seus assuntos de interesse local, inclusive com a cobrança de valores para as concessões onerosas de permissão de construir, cujo caráter tributário já foi afastado justamente porque submissas à competência outorgada pela Carta Magna.

[137] BARRETO. Aires F. *ISS na Constituição e na Lei*. 3ª ed. São Paulo: Dialética, 2009, p. 11.

Municípios; II – regular as limitações constitucionais ao poder de tributar; III – estabelecer normas gerais em matéria tributária, especialmente sobre (a) definição de tributos e suas espécies, bem como, em relação aos impostos discriminados nesta Constituição, a dos respectivos fatos geradores, base de cálculo e contribuintes; (b) obrigação, lançamento, crédito, prescrição e decadência tributários; (c) adequado tratamento tributário ao ato cooperativo praticado pelas sociedades cooperativas; (d) definição de tratamento diferenciado e favorecido para as microempresas e para as empresas de pequeno porte.

Como se observa, o artigo 146 da Constituição Federal concedeu à Lei Complementar um amplo aspecto de competências, ao que um passar de olhos menos atento sobre tais disposições poderia fazer o intérprete concluir que sem a Lei Complementar um determinado fato jamais poderá ser tributado. Seguramente esta não foi a intenção do Constituinte, ao que o estudo dos limites de atuação da Lei Complementar se faz necessário.

Nessa esteira, há de se concluir que, de acordo com o sistema federativo idealizado para o Estado Brasileiro, a autonomia das pessoas políticas (União, Estados Federados e Municípios) terá de conviver com a possibilidade da União de editar leis complementares de âmbito nacional[138].

---

[138] Cf. CARRAZZA, Elizabeth Nazar. *O Imposto sobre Serviços na Constituição*. Dissertação de Mestrado apresentada na Pontifícia Universidade Católica de São Paulo, na área de concentração de Direito Tributário, sob orientação do Professor Geraldo Ataliba. São Paulo: 1976, pp. 25-26: "Como noção propedêutica a este estudo, cumpre, de início, fixar a distinção entre a lei nacional e lei federal, ambas emanadas do mesmo órgão legislativo: o Congresso Nacional. A ordenação jurídica brasileira – em decorrência dos princípios da federação e da autonomia municipal – se caracteriza pela coalescência de várias ordens jurídicas, a saber: a ordem jurídica global (ou nacional) e as ordens jurídicas parciais: a) central, da União e, b) periféricas, dos Estados e dos Municípios. Cada uma destas ordens jurídicas atua em campo próprio, definido pela Constituição Federal. (...) Assim temos que, em matéria tributária, o âmbito material de validade da norma jurídica se traduz no seu conteúdo, vinculante, em alguns casos, só para a União (ordem jurídica parcial central) e, em outros, para todas as pessoas políticas (quando se tratar de norma da ordem jurídica nacional); o âmbito pessoal, nos destinatários destas normas jurídicas tributárias – pessoas físicas ou jurídicas; o âmbito especial, no alcance territorial da norma, de acordo com o fato dela fazer parte do ordenamento global ou de algum dos parciais e, por fim, o âmbito temporal, relacionado com as circunstâncias de tempo, de aplicabilidade destas normas (...) Enquanto a ordem jurídica parcial central vincula, apenas, a União e as pessoas a ela subordinadas, a outra – a ordem jurídica global – é obrigatória não só para a União como, também, para os Estados, os Municípios, todos os súditos do Estado Federal e, ainda, todas as pessoas que nele estejam. (...) Por

O CONCEITO DE SERVIÇO E A CONSTITUIÇÃO BRASILEIRA

Assim, a interpretação da parte final do artigo 156, da CF, depende de uma análise sistemática para que seja completa[139].

A primeira conclusão que exsurge da análise sistemática do Texto Magno é a de que dificilmente o Poder Constituinte desceria a tantos detalhes para descrever a competência tributária dos Entes Federados[140] se, no momento seguinte, pudesse permitir que essa competência fosse facilmente modificada pela lei complementar, o que equipararia a função da lei complementar àquela prevista pela Carta de 1967, alterada pela EC 01/69.

Além disso, sendo verdadeira a assertiva de que a Constituição outorgou à lei complementar tantas "funções", também é correta a afirmativa de que no artigo 151, III, a Carta Magna proíbe à União "instituir isenções

fim, cumpre-nos examinar o âmbito material de validade das normas jurídicas, para concluir o exame das distinções entre a lei nacional e a lei federal. O âmbito material de validade da lei federal pode ser facilmente reconhecido pela negativa. Não pode ser objeto de regulação, por lei federal, matéria da competência privativa de Estados e Municípios".

[139] Neste sentido, Cf. CARRAZZA, Roque Antônio. *Curso de direito constitucional tributário.* 11ª ed. São Paulo: Malheiros, 1998. p. 542.: "*Ab initio*, insistimos que a Constituição deve ser interpretada com vistas largas, justamente para que desapareçam as aparentes contradições de seus dispositivos, quando considerados em estado de isolamento. Exige-se, assim, a concordância de cada um de seus artigos com os princípios informadores, com as normas estruturais, de nosso ordenamento jurídico. Outra, inclusive, não é a lição de Carlos Maximiliano: 'O todo deve ser examinado com o intuito de obter o verdadeiro sentido de cada uma das partes. 'A Constituição não destrói a si própria. Em outros termos, o poder que ela confere com a mão direito, não retira, em seguida, com a esquerda.' Conclui-se deste postulado não poder a garantia individual, a competência, a faculdade ou a proibição encerrada num dispositivo ser anulada praticamente por outro; não procede a exegese incompatível com o espírito do estatuto, nem com a índole do regime'. Ora, só com estas colocações já podemos dizer que o art. 146 da Lei Maior deve ser entendido em perfeita harmonia com os dispositivos constitucionais que conferem competências tributárias privativas à União, Estados, aos Municípios e ao Distrito Federal, pois a autonomia jurídica destas pessoas políticas envolve princípios constitucionais incontornáveis.".

[140] JUSTEN FILHO, Marçal. *O imposto sobre serviços na constituição.* São Paulo: Revista dos Tribunais, 1985, p. 68: "(...) a Constituição, ao estabelecer a discriminação das competências tributárias, tornou impossível um conflito de competências tributárias (...)"; CARRAZZA, Roque Antônio. *Curso de Direito Constitucional Tributário.* 19ª ed. São Paulo: Malheiros, 2003, p. 828: "(...) resulta claro que, no plano lógico-jurídico, não há qualquer possibilidade de surgirem conflitos de competência tributária" e OLIVEIRA, Fernando A. Albino. *Conflitos de competência entre ICM e ISS,* São Paulo: RDT nº 19, 1982, p. 161: "Logicamente o conflito não pode existir, pois a divisão rígida de competências o afasta, necessariamente".

FUNÇÃO DA LEI COMPLEMENTAR E TAXATIVIDADE DA LISTA DE SERVIÇOS

de tributos da competência dos Estados, do Distrito Federal ou dos Municípios", o que Betina Treiger Grupemacher[141] traduz na conclusão de que o poder de isentar é ínsito ao poder de tributar.

Neste sentido, se existe a proibição constitucional de que a União conceda isenção sobre tributos da competência de outros Entes Federados, também é verdade que a Lei Complementar, a pretexto de regular determinada matéria, possa fazê-lo.

Portanto, entende-se que, naquilo que não limitado pela Constituição, não pode a Lei Complementar fazê-lo, conforme já doutrinado por Aliomar Baleeiro, para quem a função da lei complementar é integrar e evidenciar os dispositivos da Constituição, mas jamais substituí-la[142].

Exatamente por esta razão é que Paulo de Barros Carvalho[143], ao analisar a função da lei complementar, bem delimitou a forma como deverá ser compreendido o artigo 146, do Texto Magno. Define as leis complementares como:

> (...) são aquelas que dispõem sobre conflitos de competência entre as entidades tributantes e também que regulam as limitações constitucionais ao poder de tributar. Pronto: o conteúdo está firmado. Quanto mais não seja, indica, denotativamente, o campo material, fixando-lhe limites. E como fica a dicção constitucional, que desprendeu tanto verbo para dizer algo bem mais amplo? Perde-se no âmago de rotunda formulação pleonástica, que nada acrescenta.

Em outro modo de expor, se a lei complementar pudesse, livremente, limitar ou ampliar o campo instituído pela Constituição, esta última perderia sentido e também sua rigidez, tão cara ao nosso modelo de Estado Democrático de Direito[144].

---

[141] GRUPEMANCHER, Betina Treiger. *Eficácia e aplicabilidade das limitações constitucionais ao poder de tributar*. São Paulo: Resenha Tributária, 1997, p. 143.

[142] BALEEIRO, Aliomar. *Direito Tributário Brasileiro*, 10ª ed. Rio de Janeiro: Forense, 1995, p. 444.

[143] CARVALHO, Paulo de Barros. *Curso de direito tributário*, 13ª ed. São Paulo: Saraiva, 2000, p. 208;

[144] Transcrevem-se as observações formuladas por CARRAZZA, Elizabeth Nazar. *O Imposto sobre Serviços na Constituição*. Dissertação de Mestrado apresentada na Pontifícia Universidade Católica de São Paulo, na área de concentração de Direito Tributário, sob orientação do Professor Geraldo Ataliba. São Paulo, 1976, pp. 36-37: "Nessa ordem de raciocínio, a inclusão

V. 3. A lei complementar e o ISS

Transcrevendo-se tais conclusões para o imposto que incide sobre a prestação de serviços, questiona-se: se o Município é senhor da sua competência, haveria sentido limitar sua escolha sobre as atividades que seriam submetidas ao tributo que onera a prestação dos serviços? Em outro giro verbal, poderia a lei complementar, editada pelo Congresso Nacional, limitar a atuação de cada um dos poderes legislativos dos municípios, quando entre eles não existe nenhum relação de subordinação ou, neste caso, tratar-se-ia de uma isenção concedida pela União sobre um imposto que está a cargo dos municípios?

Aires F. Barreto recorda que a discussão existe porque, à época da Emenda Constitucional 18/65, por meio da qual se introduziu a tributação dos serviços no ordenamento jurídico brasileiro, o Estado Brasileiro buscou reproduzir as discussões que então ocorriam na Europa sobre a possibilidade de tributação dos serviços na conformação do Mercado Comum Europeu.

Desta forma, reproduziu-se o sistema criado no Velho Continente, sem que se pudesse observar que a Federação Brasileira era substancialmente diversa daquela encontrada nos Estados Europeus, mesmo na Federação Alemã[145].

Assim é que as listas de serviços idealizadas na Europa para o mercado comum não teriam a mesma função das listas idealizadas no Brasil para se enumerar os serviços passíveis de tributação e neste sentido importou-se um modelo que não coaduna com a autonomia que sempre se pretendeu conferir aos municípios, corroborando-se no texto de 1988, em que a autonomia foi plena.

---

dentro do campo da ordem jurídica parcial central (União), de competência para o estabelecimento de normas gerais de direito tributário, que não disponham sobre conflitos de competência, nem regulem limitações constitucionais ao poder de tributar, implica numa desmensurada ampliação de sua competência, não autorizada pela Constituição Federal. As conferir competência tributária aos Estados e Municípios, ela – a Constituição – o fez em caráter privativo, não admitindo que a União edite normas sobre a mesma matéria. Ao escolher a lei complementar como veículo da norma geral de direito tributário, firmou, mais uma vez, seu caráter excepcional".

[145] Cf. BARRETO, Aires F. *ISS na Constituição e na Lei*. 3ª ed. São Paulo: Dialética, 2009, p. 106-107.

Neste sentido está a advertência formulada por Geraldo Ataliba[146]: "O que impressionou mais ao apressado intérprete brasileiro foi isso, dizer – serviços "definidos" em lei complementar. Então, simplesmente chegou-se à conclusão: 'Existe a competência. Mas esta competência vai depender de uma definição, a qual está contida na lei complementar'. Em outras palavras, o Congresso Nacional, mediante lei complementar, definirá quais são os serviços tributáveis pelos Municípios. Essa interpretação deformou e mutilou a Constituição".

Pode-se afirmar que atualmente a maior parte da doutrina entende que a lista de serviços veiculada pela lei complementar não teria o condão de limitar as atividades alcançadas pela competência tributante dos municípios. Neste sentido, vale trazer as recentes conclusões de Alexandre da Cunha Ribeiro Filho e Vera Lúcia Ferreira de Mello Henriques, que afirmam[147]:

> Da análise dos Textos Constitucionais e dos diplomas federais complementares, podemos declarar, sem qualquer dúvida, que é facultado às administrações locais, examinando as atividades econômicas desenvolvidas por seus contribuintes, proceder à sua inclusão na lei local. Achamos e continuamos firmes no nosso entendimento de que o legislador federal, ao baixar as normas sobre o ISS, não o fez de forma exaustiva, que excluísse qualquer outra conceituação emanada do poder competente.

Além disso, entendemos que imaginar que a lei complementar pudesse limitar os serviços tributáveis pelo ISS seria incorrer nos seguintes equívocos: (i) entender que, ao arrepio do princípio federativo, o Parlamento Federal teria prevalência sobre os parlamentos Municipais em matérias que aos últimos está afeta, podendo, inclusive, mutilar as receitas municipais; (ii) supor hierarquia entre a lei complementar e a lei ordinária dos municípios quando, de fato, o seu campo de atuação é absolutamente diverso; (iii) entender que a própria Constituição previu limitações ao princípio da autonomia do município previsto no artigo 30; (iv) admitir que a lei complementar possa alterar disposições do Texto Magno.

---

[146] ATALIBA, Geraldo. Problemas Atuais do Imposto sobre Serviços. In *Revista do Advogado*. vol. 5. São Paulo: AASP, 1981, p. 85.

[147] RIBEIRO FILHO, Alexandre da Cunha. FERREIRA DE MELLO, Vera Lúcia. Nova Legislação para o ISS. *Revista de Administração Municipal* nº 140, Rio de Janeiro, Ibam, p. 37.

No entanto, como se poderia interpretar a dicção prevista no inciso III do artigo 156 da Constituição de que tributáveis seriam os "serviços de qualquer natureza" e "definidos em lei complementar"?

Parte da doutrina sustenta[148] que o legislador, ao afirmar que tributáveis pelos municípios seriam os "serviços de qualquer natureza" e ato contínuo definindo-os como aqueles "definidos em lei complementar" agiu com uma contradição em termos, justamente porque, estressado o argumento, sem uma lista complementar os municípios ficariam sem o recursos que seriam auferidos pela arrecadação do imposto.

Entendemos que esta linha de raciocínio parece ser a que melhor responde ao problema, ao que a lei complementar pugnada pelo legislador teria, em nosso ver, a função de elucidar as questões em que os conflitos de competência pudessem surgir.

Inverte-se a ordem: ao reverso do legislador complementar instituir as hipóteses e as atividades sobre as quais o município poderia exigir o imposto sobre serviços, deveria a lei complementar regulamentar as situações limítrofes em que o imposto não poderia ser exigido (parte-se do todo para a exceção).

V. 4. A taxatividade da lista de serviços

No entanto, é importante consignar que ao contrário da opinião aqui exposta e no amparo da advertência já formulada por Roque Antonio Carrazza[149], muito embora se entenda que a lista não deveria ser taxativa – mas meramente sugestiva – os Tribunais Superiores no Brasil são unívocos ao interpretá-la como taxativa. Neste sentido, como referência, cite-se do Superior Tribunal de Justiça a ementa do recurso especial nº 1.111.234[150]- submetido ao rito dos recursos repetitivos previsto no artigo 543-C, do Código de Processo Civil – e, do Supremo Tribunal Fede-

---

[148] Neste sentido, confira-se BARRETO. Aires F. *ISS na Constituição e na Lei*. 3ª ed. São Paulo: Dialética, 2009, p. 110.

[149] CARRAZZA, Roque Antonio, *Curso de Direito Constitucional Tributário*, 24ª ed., São Paulo: Malheiros, 2.008.

[150] BRASIL. Superior Tribunal de Justiça. "TRIBUTÁRIO – SERVIÇOS BANCÁRIOS – ISS – LISTA DE SERVIÇOS – TAXATIVIDADE – INTERPRETAÇÃO EXTENSIVA. 1. A jurisprudência desta Corte firmou entendimento de que é taxativa a Lista de Serviços anexa ao Decreto-lei 406/68, para efeito de incidência de ISS, admitindo-se, aos já existentes apresentados com outra nomenclatura, o emprego da interpretação extensiva para serviços con-

ral a ementa do recurso extraordinário nº 450.342[151]. Importante salientar que, em relação a este último, foi reconhecida a repercussão geral sobre a matéria no recurso extraordinário nº 615.580[152], porém ainda não se sabe se o Tribunal julgará o direito (em consequência do instituto da prorrogação de jurisdição), posto que a recorrente pediu desistência.

Formuladas as observações até o momento postas, há que se afirmar que se também é verdadeira a premissa de que a lei complementar não

gêneres. 2. Recurso especial não provido. Acórdão sujeito ao regime do art. 543-C do CPC e da Resolução STJ 08/08".
(REsp 1111234/PR, Rel. Ministra ELIANA CALMON, PRIMEIRA SEÇÃO, julgado em 23/09/2009, DJe 08/10/2009)

[151] BRASIL. Supremo Tribunal Federal: "IMPOSTO SOBRE SERVIÇOS (ISS) – SERVIÇOS EXECUTADOS POR INSTITUIÇÕES AUTORIZADAS A FUNCIONAR PELO BANCO CENTRAL – INADMISSIBILIDADE, EM TAL HIPÓTESE, DA INCIDÊNCIA DESSE TRIBUTO MUNICIPAL – CARÁTER TAXATIVO DA ANTIGA LISTA DE SERVIÇOS ANEXA À LEI COMPLEMENTAR Nº 56/87 – IMPOSSIBILIDADE DE O MUNICÍPIO TRIBUTAR, MEDIANTE ISS, CATEGORIA DE SERVIÇOS NÃO PREVISTA NA LISTA EDITADA PELA UNIÃO FEDERAL (...) Não se revelam tributáveis, mediante ISS, serviços executados por instituições autorizadas a funcionar pelo Banco Central, eis que esse tributo municipal não pode incidir sobre categoria de serviços não prevista na lista elaborada pela União Federal, anexa à Lei Complementar nº 56/87, pois mencionada lista – que se reveste de taxatividade quanto ao que nela se contém – relaciona, em "numerus clausus", os serviços e atividades passíveis da incidência dessa espécie tributária local. Precedentes. – As ressalvas normativas contidas nos itens ns. 44, 46 e 48 da lista de serviços anexa à Lei Complementar nº 56/87 – que excluem, do âmbito de incidência do ISS, determinadas atividades executadas por instituições autorizadas a funcionar pelo Banco Central – não configuram concessão, pela União Federal, de isenção heterônoma de tributo municipal, expressamente vedada pela vigente Constituição da República (art. 151, III). – Essa exclusão de tributabilidade, mediante ISS, das atividades executadas por referidas instituições qualifica-se como situação reveladora de típica hipótese de não-incidência do imposto municipal em causa, pois decorre do exercício, pela União Federal, da competência que lhe foi outorgada, diretamente, pela própria Carta Federal de 1969 (art. 24, II), sob cuja égide foi editada a Lei Complementar nº 56/87, a que se acha anexa a lista de serviços a que alude o texto constitucional. Precedentes". (RE 450342 AgR, Relator(a): Min. CELSO DE MELLO, Segunda Turma, julgado em 05/09/2006, DJe-072 DIVULG 02-08-2007 PUBLIC 03-08-2007 DJ 03-08-2007 PP-00114)

[152] BRASIL. Supremo Tribunal Federal. "TRIBUTÁRIO. IMPOSTO SOBRE SERVIÇOS – ISS. ARTIGO 156, III, DA CONSTITUIÇÃO FEDERAL. LISTA DE SERVIÇOS. DECRETO-LEI 406/1968 E LC 116/2003. TAXATIVIDADE. EXISTÊNCIA DE REPERCUSSÃO GERAL. (RE 615580 RG, Relator(a): Min. ELLEN GRACIE, julgado em 13/08/2010, DJe-154 DIVULG 19-08-2010 PUBLIC 20-08-2010)

poderia limitar as atividades sobre as quais os municípios poderiam instituir o Imposto sobre Serviços, também deve ser considerada verdadeira a proposição de que a lei complementar não pode dizer que é serviço aquilo que não é[153].

Retomando-se a lição de Aliomar Baleeiro para quem a lei complementar não pode substituir a Constituição[154], corroboramos tal conclusão com os ensinamentos de Manoel Gonçalves Ferreira Filho[155], que também afirma que "a lei complementar não pode contradizer a Constituição. Não é outra forma de emenda constitucional. (...) Daí decorre que pode incidir em inconstitucionalidade e ser, por isso, inválida".

Nesta linha de raciocínio, a lei complementar não poderá pretender definir como serviço o que serviço não é, nem mesmo para atender o quanto disposto na parte final do artigo 156, III, da Constituição Federal ao que, quando o faz, padece de inegável inconstitucionalidade.

Feitas tais observações e concluindo-se que a lei complementar não poderia limitar a competência tributária dos municípios – ainda que assim entendam os Tribunais -, mas também não poderá nomear como serviço aquilo que não é, há de se discorrer sobre o conceito de serviço que poderá ser encampado por tal veículo normativo para nomear as atividades que estariam sujeitas a tal exação.

---

[153] Cf. ATALIBA, Geraldo; BARRETO, Aires F. ISS – locação e "leasing". *Revista de Direito Tributário* nº 51. São Paulo: Malheiros, 1990. p. 56. "A lei tributária não pode ampliar o conceito de serviço constitucionalmente pressuposto. É inconstitucional a lei tributária que pretenda dispor que 'se considera serviço' algo que a esse conceito não corresponda. É que essa ampliação teria por efeito alargar a competência tributária do município, o que é matéria constitucional e, pois, imodificável por lei. As competências constitucionalmente fixadas são inderrogáveis. Nem a lei complementar – ainda que a pretexto de dispor sobre conflitos – poderio fazê-lo".
[154] BALEEIRO, Aliomar. *Direito Tributário Brasileiro*. 10ª ed. Rio de Janeiro: Forense, 1995, p. 60: "(...) a lei complementar não pode ir além do que já está dito, expressa ou implicitamente, na Constituição. Esta será violada por lei complementar que regule diversamente o que ela regulou. É caso de inconstitucionalidade da lei complementar. Completa, mas não corrige nem inova".
[155] FERREIRA FILHO, Manoel Gonçalves. *Do Processo Legislativo*. São Paulo: Saraiva, 1977, p. 210.

Capítulo VI
Conceito de Prestação de Serviços

VI. 1. Histórico da construção do conceito

Como exposto no tópico próprio, o Imposto sobre Serviços surge no ordenamento pátrio enquanto inspiração do modelo criado pelo Mercado Comum Europeu para o Imposto sobre Valor Agregado (IVA); naquele mercado, a proposta de se criar um tributo que incidisse apenas sobre o valor agregado em cada uma das etapas de produção e que pudesse ser recolhido, de forma proporcional para cada um dos Estados que compunham o bloco econômico obrigou à elaboração de uma lista de serviços tributáveis, para que os Estados não pudessem criar um sistema desigual em relação aos seus parceiros comerciais, onerando indevidamente um bem ou serviço de acordo com a sua origem.

O sistema era tão complexo e interessante que acabou sendo importado ao Brasil, sem que, no entanto, os ideólogos desta proposta percebessem que a Federação Brasileira em muito pouco se igualava à idealização de um mercado comum, como pensado para o Velho Continente.

Nessa esteira, a proposta de elaboração de uma lista dos serviços tributáveis pouco tinha a acrescentar no perfil constitucional do imposto, tanto que, indevidamente inserida no nosso ordenamento, a única forma de veicular tal lista foi por meio de lei complementar de caráter nacional, a qual gerou e ainda gera inúmeras controvérsias porque colidente com o princípio da autonomia municipal, como apresentado no tópico relativo à taxatividade da lista de serviços.

VI. 2. Necessidade de construção de um conceito próprio ao Estado Brasileiro

Pelas razões apresentadas é que se constata, desde logo, que a aplicação de conceitos de Direito Comparado pouco acrescentam no estudo da definição do que seria a prestação de serviços, núcleo que poderá desencadear a exigência do Imposto sobre Serviços. Conforme a lição de Geraldo Ataliba[156]:

> Em razão disso é que se resolveu, no Brasil, imitar esse sistema [do Mercado Comum Europeu] adotando o ICM e o ISS. Adotada esta formulação, em nível constitucional, puseram-se os legisladores ordinários a trabalhar na ereção destes impostos, descrevendo legislativamente as respectivas hipóteses de incidência e pondo logo em funcionamento o sistema. Neste caminho todo, a empolgação – que tomou conta do Brasil, com as geniais formulações de economia financeira e da ciência das finanças – foi tão grande que praticamente todos, no Brasil, se esqueceram de olhar para a própria Constituição que é um reflexo dessa empolgação.
>
> Produziu-se aqui uma literatura que serviu de base para uma jurisprudência, que tem a seguinte característica: – toma-se as teses, as diretrizes fixadas pela ciência financeira europeia e se adota para a exegese da legislação brasileira, fazendo uma ponte por cima da Constituição.

Diante desta conclusão é que se observa que a conformação de serviço no Mercado Comum Europeu é ditado, de forma primordial, por seus atributos econômicos, enquanto a partir do Texto Constitucional Brasileiro, como se demonstrará, o conceito há de ser exclusivamente jurídico.

VI. 3. Primeiras conclusões a partir do texto constitucional

Neste sentido, voltando-se unicamente para o texto constitucional já seria possível extrair uma primeira conclusão no processo hermenêutico de formação do conceito de prestação de serviços[157]: os municípios

---

[156] ATALIBA, Geraldo. Problemas Atuais do Imposto sobre Serviços. In: *Revista do Advogado*. vol. 5, São Paulo: AASP, 1981, p. 84.

[157] Conforme ensina BORGES, José Souto Maior. *Lei Complementar Tributária*. São Paulo: RT, 1975, pp. 198-199, a importância da definição no conceito de prestação de serviços tem duas funções primordiais. A primeira delas reside no fato de que a competência dos Municípios para tributar depende da conceituação do que é prestação de serviços; a segunda está no fato de que o segundo destinatário do referido conceito é o Congresso Nacional, que fará editar

CONCEITO DE PRESTAÇÃO DE SERVIÇOS

teriam competência para tributar todos os serviços que não fossem aqueles expressamente colocados sob a competência tributária dos Estados[158].

Como adverte José Souto Maior Borges[159], a previsão constitucional de que serviços de "qualquer" natureza possam ser tributados pelos municípios (artigo 156, III) impõe que a regra é a competência municipal e a exceção é a competência estadual, justamente porque o significado de qualquer é justamente daquilo que não pode qualquer definição, a não delimitativa, como é o caso[160].

VI. 4. A lei complementar como solucionadora dos conflitos de competência

Portanto, a lei complementar cumpriria sua função ao delimitar as situações em que um conflito de competências pudesse se desencadear, como, por exemplo, nos casos de construção civil ou na venda de aparelhos que requerem a instalação pelo lojista.

Nestes casos, está-se diante de uma operação em que predomina a venda da mercadoria ou do serviço prestado? Caso não houvesse uma norma de definição, o mesmo fato jurídico poderia dar ensejo à cobrança de dois impostos, o que é de todo contrário ao sistema[161]. Nesta situação,

---

a Lei Complementar por meio da qual serão elencados os serviços tributáveis (ainda que se possa argumentar pela inconstitucionalidade desta lei), além de resolver os conflitos de competência daquilo que poderia, ao menos para o leigo, gerar um conflito de competência.

[158] Cf. BARRETO, Aires F. *ISS na Constituição e na Lei*, 3ª ed. São Paulo: Dialética, 2009, p.; 109: "A eventual 'definição' dos aparentes serviços 'tributáveis' pela União e a daqueles dois cometidos aos Estados-membros não pode diminuir a esfera de autonomia dos Municípios. Inversamente, porém, a 'definição', por lei complementar, de serviços tributáveis pelos Municípios agride frontalmente a autonomia municipal, porque, se a lei complementar pudesse definir os serviços tributáveis, ela seria necessária e, pois, intermediária entre a outorga constitucional e o exercício atual da competência, por parte do legislador ordinário municipal".

[159] BORGES, José Souto Maior. *Lei Complementar Tributária*. 1ª ed., São Paulo: RT, 1975, p. 193.

[160] No mesmo sentido, FALCÃO, Amílcar. Sistema Tributário Brasileiro. 1ª ed. Rio de Janeiro: Financeiras, 1965, p. 38: "Em primeiro lugar, a atribuição de competência privativa decorre um efeito negativo ou inibitório, pois importa em recusar competência idêntica às unidades outras não indicadas no dispositivo constitucional de habilitação: tanto equivale a dizer, se pudermos usar tais expressões, que a competência privativa é oponível erga omnes, no sentido de que o é por seu titular ou por terceiros contra quaisquer outras unidades federadas não contempladas na outorga".

[161] Cf. ATALIBA, Geraldo. *Sistema Constitucional Tributário Brasileiro*. São Paulo: RT, 1968, pp. 26-28: "Verifica-se do exame das disposições constitucionais sobre matéria tributária, em

a lei complementar viria para evidenciar o conceito de serviço pressuposto pela Carta Magna. Recorre-se mais uma vez às profícuas lições de Geraldo Ataliba[162], que encerram o assunto com perfeição, razão pela qual são transcritas em extensa passagem, para quem:

> A Constituição quis fazer da competência tributária um instrumento de autonomia municipal. Agora, pergunto: dá para interpretar um artiguinho lá adiante, que tem uma regrinha de segunda categoria (item II do art. 23 da Constituição), dá para interpretá-lo de maneira que negue a autonomia municipal 'especialmente em matéria de decretação de tributos'? Não vejo como! (...) Esta lei complementar que define os serviços tributáveis pelo Município é uma norma geral de Direito Tributário. É uma espécie daquele gênero que está no § 1º do art. 18 da Constituição (lei complementar, contendo normas gerais de Direito Tributário, disporá sobre conflitos de competência em matéria tributária, regulará limitações constitucionais ao poder tributário. (...) Se é assim, só pode ter duas finalidades: evitar conflitos de competência, em matéria tributária, no que concerne ao ISS (realmente esse é um tributo que enseja muitos conflitos, com o Estado; com a União em matéria de IPI; conflito de Município com Município). Eu presto um serviço em São Bernardo, mas moro

conjunto – como um sistema – a impossibilidade de bitributação jurídica. Não há lugar para, no regime da Constituição de 1946, se reconhecer como juridicamente válidos dois impostos sobre o mesmo fato gerador. Porque é relevantíssimo salientar – a Constituição não proceder a simples enumeração de nomina juris quando, nos arts. 15, 19 e 29, fixou as competências tributárias. Pelo contrário, atribuiu a cada entidade política um fato gerador distinto e identificável só consigo mesmo. Cada qual, a se erigir num instituto jurídico autônomo e diferenciado, de tal forma a não poderem se confundir juridicamente uns com os outros. Esse o objetivo incontrastável alcançado, dada a perfeição técnica das fórmulas jurídicas empregadas pelo constituinte de 1946. (...) Na perseguição do instituto de obviar a bitributação – mediante a caracterização da inconstitucionalidade por invasão da competência – foi que se engendrou o sistema rígido, circunscritor de cada competência tributária; como consequência natural e lógica, alcançou-se a rigidez do próprio sistema tributário constitucional. Assim o exercício dessa faculdade, por qualquer das entidades políticas é – desde o plano legislativo – hirta e inflexivelmente ordenado, circunscrito, limitado e restrito. Pode-se dizer que o legislador constituinte atirou no que viu e acertou tanto no que viu quanto no que não viu. Criou um sistema completo, fechado e harmônico, que limita e ordena estritamente, não só cada poder tributante como – consequência lógica – toda a atividade tributária, globalmente considerada".

[162] ATALIBA, Geraldo. Problemas atuais do Imposto sobre Serviços. In *Revista do Advogado*. vol. 5. São Paulo: AASP, 1981, p. 86.

em São Paulo. Qual é o Município que pode tributar essa prestação de serviço? São Bernardo ou São Paulo? É um caso nítido de conflito. E aí caberia invocar a norma geral de Direito Tributário, para regular esse tipo de conflito".

No entanto, qual seria o conceito de serviço que a Carta Magna pressupôs e que a lei complementar servia a elucidar?

VI. 5. A extração dos critérios da matriz de incidência do texto constitucional

A primeira conclusão que pode parecer evidente é a de que a Constituição Federal autorizou a tributação da prestação do serviço e não de sua fruição ou utilização. Isso porque ao eleger um fato como tributável[163], a Constituição Federal quis eleger como seu contribuinte um sujeito passivo previamente determinável (quem prestar o serviço) e não alguém somente passível de ser conhecido *a posteriori*.

Além disso, como recorda Cléber Giardino[164], apenas quem produz os fatos reveladores da riqueza é que pode ser sujeito passivo da tributação, ao que o consumidor do serviço não os produz, mas pelo contrário, o seu vetor é de saída de recursos.

Anui com esta posição Aires F. Barreto, para quem a Constituição, ao mencionar serviço, refere-se ao seu prestador como seu "destinatário constitucional", ao que o Texto Magno não se limitaria à consideração objetiva do serviço, mas direcionando o legislador infraconstitucional para que atinja o prestador, pois este é o beneficiário da remuneração correspondente[165].

---

[163] Cf. CARVALHO, Paulo de Barros. Curso de Direito Tributário. 3ª ed. São Paulo: Saraiva, 1988, pp. 142-143.

[164] Cf. GIARDINO, Cléber. Relação Jurídica Tributária e o Aspecto Pessoal que a Integra. *Revista de Direito Público* nº 15, São Paulo: RT, pp. 183-195.

[165] Apenas para menção – porque a doutrina não diverge neste ponto e porque a aceitação dos Tribunais também é inequívoca – existe quem possa discordar sobre quem seria o destinatário constitucional da tributação sobre serviços; neste esteio, cite-se FORTES, Maurício Cezar Araújo. *A regra-matriz de incidência do Imposto sobre Serviços de Qualquer Natureza*, dissertação de mestrado, inédita, pp. 43-44, para quem "O argumento, como se vê, é de índole econômica: "prestar" é o único verbo passível de descrever corretamente o critério material do ISS por ser o prestador o beneficiário da retribuição e, por ser a retribuição aquilo que se mensura na tributação, somente o prestador e a prestação é que se podem tributar. Não concordamos com esta tese. É que nas prestações de serviço a retribuição é recíproca, ou seja, se beneficiam

O CONCEITO DE SERVIÇO E A CONSTITUIÇÃO BRASILEIRA

Ademais, importado do Velho Continente, o primeiro conceito de serviço que se poderia identificar como passível de tributação pelo ISS seria tudo aquilo que é decorrente de um trabalho. No entanto, o conceito de trabalho pressuposto pela nossa Carta Política é muito amplo, conforme se verifica do quanto disposto nos artigos 6º, 7º, V e IX, XIV, XX, XXII, XXVI, XXVIII, XXIX, XXXII, XXXIII, art. 8º, VI, art. 21, XXIV e art. 22, I[166].

tanto o prestador do preço quanto o tomador do serviço. Além disso, é o tomador do serviço que, ao final, 'ficará com o serviço', que é aquilo que se tributa, sendo a base de cálculo meio indireto de mensura-lo. Também não nos parece razoável o argumento de que somente a *prestação* de serviço é reveladora de capacidade contributiva, como se somente aquele que presta o serviço, por *geralmente* cobrar uma 'mais valia' em relação ao seu custo, tivesse seu patrimônio aumentado. Primeiro porque pressupor lucro é induzir aspecto que não está na ontologia da atividade do prestador; segundo, porque, ainda que suponhamos o lucro, o bem imaterial transferido em contrapartida ao pagamento passa a integrar o patrimônio do tomador dos serviços e, às vezes, o aumenta (...) e; terceiro, os custos tributários são, em regra, suportados pelo tomador do serviço e considerados pelo prestador na quantificação do preço, ou seja, sob um ponto de vista econômico, quem paga o imposto é o tomador". A crítica que se faz a essa conclusão é a mesma que se fará nos pontos finais do trabalho: sem o prestar como núcleo do serviço, o aspecto espacial do ISS se esvai e instaura-se um importante conflito de competência na ordem tributária, pois dois municípios podem pretender tributar o mesmo fato, supostamente com amparo na Constituição (a prestação e a fruição dos serviços); além disso, aniquila-se a aplicação do princípio da capacidade contributiva aos impostos.

[166] BRASIL. Congresso Nacional. Constituição Federal: "Art. 6º São direitos sociais a educação, a saúde, a alimentação, o trabalho, a moradia, o lazer, a segurança, a previdência social, a proteção à maternidade e à infância, a assistência aos desamparados, na forma desta Constituição. (Redação dada pela Emenda Constitucional nº 64, de 2010); Art. 7º São direitos dos trabalhadores urbanos e rurais, além de outros que visem à melhoria de sua condição social: (...) V – piso salarial proporcional à extensão e à complexidade do trabalho; (...) IX – remuneração do trabalho noturno superior à do diurno; (...) XIII – duração do trabalho normal não superior a oito horas diárias e quarenta e quatro semanais, facultada a compensação de horários e a redução da jornada, mediante acordo ou convenção coletiva de trabalho; (vide Decreto-Lei nº 5.452, de 1943); XIV – jornada de seis horas para o trabalho realizado em turnos ininterruptos de revezamento, salvo negociação coletiva; (...) XX – proteção do mercado de trabalho da mulher, mediante incentivos específicos, nos termos da lei; (...) XXII – redução dos riscos inerentes ao trabalho, por meio de normas de saúde, higiene e segurança; (...) XXVI – reconhecimento das convenções e acordos coletivos de trabalho; (...) XXVIII – seguro contra acidentes de trabalho, a cargo do empregador, sem excluir a indenização a que este está obrigado, quando incorrer em dolo ou culpa; XXIX - ação, quanto aos créditos resultantes das relações de trabalho, com prazo prescricional de cinco anos para os trabalhadores urbanos e rurais, até o limite de dois anos após a extinção do contrato de trabalho;(Redação

CONCEITO DE PRESTAÇÃO DE SERVIÇOS

Desta forma, serviço não deve ser equiparado a trabalho, mas deve ser uma espécie dentro do esforço humano e neste ponto surge o primeiro item que diferencia serviço de trabalho: deve ser prestado em favor de outrem.

Além disso, também como corolário do princípio da capacidade contributiva, para que um fato seja tributável, deve ele representar manifestação de riqueza por aquele que o pratica (ainda que presumida[167]), razão pela qual para que haja prestação de serviço, além de um esforço humano, prestado em favor de terceiros, este deve ter um conteúdo econômico (e também deverá ser prestado em regime de direito privado, em livres condições de mercado).

Por força desta premissa é que também o serviço realizado em favor de um resultado próprio não pode ser alcançado pelo ISS: ora, além de, nessas situações, o esforço não ser praticado em favor de outrem, não existe qualquer tipo de conteúdo econômico que pudesse desencadear a exigência do tributo.

Também por isso é que o serviço desinteressado em favor de terceiros, aquele feito por caridade, por altruísmo ou mesmo por mero favor não pode ser considerado um serviço tributável para fins de apuração e exigência do ISS[168], razão pela qual o serviço deve ser prestado sempre com o

---

dada pela Emenda Constitucional nº 28, de 25/05/2000); (...) XXXII – proibição de distinção entre trabalho manual, técnico e intelectual ou entre os profissionais respectivos; XXXIII – proibição de trabalho noturno, perigoso ou insalubre a menores de dezoito e de qualquer trabalho a menores de dezesseis anos, salvo na condição de aprendiz, a partir de quatorze anos; (Redação dada pela Emenda Constitucional nº 20, de 1998); (...) Art. 8º É livre a associação profissional ou sindical, observado o seguinte: (...) VI – é obrigatória a participação dos sindicatos nas negociações coletivas de trabalho; (...) Art. 21. Compete à União: (...) XXIV – organizar, manter e executar a inspeção do trabalho; (...) Art. 22. Compete privativamente à União legislar sobre: I – direito civil, comercial, penal, processual, eleitoral, agrário, marítimo, aeronáutico, espacial e do trabalho (...)".

[167] Cf. ATALIBA, Geraldo. ISS na Constituição – Pressupostos Positivos – Arquétipo do ISS", *Revista de Direito Tributário* nº 37, São Paulo: Malheiros, 1986, p. 31: "Esse conteúdo é o único objetivo de igualação dos encargos. Sem ele, a lei tributária passa a ser arbitrária, não isonômica e, pois, inconstitucional".

[168] Esta conclusão, é, inclusive, resultado da aplicação efetiva do princípio da capacidade contributiva (artigo 145, § 1º, CF), pelo qual não se exigirá tributo sobre fato que não resultou em manifestação de riqueza por aquele que o prestou; nesta extensão, é muito importante diferenciar o serviço gratuito, que já se inicia com esse propósito, daquela atividade realizada

fito de remuneração, sendo que esta contrapartida poderá ser equilibrada ou vantajosa, direta ou indireta.

Também não há como se entender serviço como atividade exercida com subordinação; neste caso, a própria Constituição Federal irá pressupor a existência do preenchimento de cargo, emprego ou função pública, ao que não como se cogitar a existência de um serviço tributável nas hipóteses em que o realizador da atividade é remunerado por qualquer outra forma que não preço[169].

Além disso, enquanto vigente a relação daquele que realiza o esforço humano com o seu empregador, tem-se que toda a organização do negócio formará um corpo único (empresa), ao que exigir o ISS numa relação de subordinação seria o mesmo que exigir o ISS no autosserviço, o que, como já se viu, é contrário à ordem constitucional.

VI. 6. Primeiras conclusões sobre o conceito de serviço

Resumindo tudo o quanto até o momento exposto, Aires F. Barreto[170] assim elenca os caracteres essenciais para a construção do conceito de prestação de serviços: (i) a prestação de serviços deve pressupor o desempenho de uma atividade, decorrente do comportamento humano (esforço pessoal traduzido num conjunto de atos[171]); (ii) o serviço deve ser economicamente apreciável, ou seja, deve ter um conteúdo econômico; (iii) o serviço deve ser praticado com a intenção de produzir um resultado útil, ainda que seja imaterial; (iv) o resultado da atividade deve ser projetado em relação a outrem e não a si mesmo (deve haver uma relação bilateral, em que uma parte é a produtora do serviços e a outra é a consumidora); (v) sem subordinação, na medida em que, materializada a relação de

---

em favor de terceiros com caráter negocial que em momento subsequente decide-se por ela não cobrar ou se a formula com o intuito de agraciar e fidelizar clientes, por exemplo. Nestes casos, ainda que não haja a cobrança de valores, o caráter negocial é inerente à sua realização.

[169] A remuneração nas relações de trabalho subordinado terá natureza, necessariamente, alimentar.

[170] BARRETO, Aires F. *ISS na Constituição e na Lei*. São Paulo: Dialética, 2009, p. 35-37.

[171] Confundem aqueles que acreditam que o sentido de esforço humano encampado pelo conceito de serviço seja apenas o esforço físico; não há dúvidas de que o esforço puramente intelectual também deverá se enquadrar como serviço. Conforme DINIZ, Maria Helena. *Tratado teórico e prático dos contratos*, v. 2, São Paulo: Saraiva, 2003, p. 177: "Perante a lei não há qualquer diferença entre o trabalho braçal e o intelectual".

CONCEITO DE PRESTAÇÃO DE SERVIÇOS

emprego ou de contrato de trabalho, forma-se uma unidade econômica que afasta a existência de um terceiro fruidor dos serviços; (vi) sob o regime de direito privado[172], na medida em que a prestação de serviços deve decorrer de um contrato a que livremente aderiram prestador e tomador; (vii) com o intuito de remuneração[173], certo que o seu realizador pretende, com a atividade levada a efeito, receber uma contraprestação, direta ou indireta, que lhe possa ser equilibrada ou vantajosa[174] e; (viii) não compreendido na competência de outra esfera de governo (interferindo na competência que a Carta Magna atribuiu aos Estados e ao Distrito Federal[175].

---

[172] Algumas palavras são importantes acerca do serviço público, ainda que este não seja objeto deste estudo. Ontologicamente, o interesse público há de ser inerente para que se verifique a necessidade de realização de um serviço público e, sobrepondo-se ao interesse da tributação do Estado, a Carta Política colocou a salvo os serviços realizados neste regime do pagamento de tributos. Além disso, a própria Carta Magna previu instrumento de imunidade recíproca (art. 150, VI, a), ao que, mesmo quando o serviço é realizado por ente diverso daquele que detém a competência tributária, não pode por ela ser atingida. Esta imunidade perseguiria o serviço realizado pelos entes públicos, quando por eles delegados ou concedidos. Além disso, serviços públicos apenas são remunerados por taxas (artigo 145, II, da CF), ao que não haveria como se cogitar a incidência de impostos sobre taxas (ainda que impropriamente se pudesse falar na cobrança de tarifas).

[173] Cf. DINIZ, Maria Helena. *Curso de Direito Civil Brasileiro*. 3º vol. São Paulo: Saraiva, 2003, p. 280: "A remuneração constitui elemento essencial da locação de serviço (...) Não há como presumir a gratuidade da prestação de serviço, pois, se o contrato for omisso quanto à remuneração, executado o serviço, entender-se-á que os contraentes se sujeitaram ao costume do lugar, tendo em vista a natureza do serviço e o tempo de duração".

[174] Condição esta que não deve ser confundida com a existência de lucro, na medida em que o imposto deverá incidir ainda que a prestadora do serviço não tenha finalidade lucrativa, bastando que a prestação tenha conteúdo econômico.

[175] Sobre a competência dos Estados e do Distrito Federal, importante salientar que a expressão "não compreendidos no art. 155, II", do artigo 156, III, da CF, tem causado alguma controvérsia na doutrina. Isso porque alguns doutrinadores entendem que além da competência para tributar operações mercantis e serviços relativos ao transporte interestadual e intermunicipal e de comunicação, a expressão contida no artigo 156, III, teria facultado aos Estados tributar outros serviços relacionados a estas operações mercantis, mais especialmente aqueles que não aqueles contidos na lei complementar. Não há como se acolher o argumento suscitado por esta corrente. A competência tributária outorgada pela Carta Maior é clara e aos municípios foi conferida a possibilidade de tributação de todos os serviços, à exceção daqueles de transporte intermunicipal e interestadual e de comunicação; pensar o contrário é afastar uma competência expressa pela construção de uma competência indireta, o que de certo é contrário a todas as regras da melhor hermenêutica.

Complementamos esses caracteres com a habitualidade, vez que, muito embora este requisito não conste expressamente da Constituição ou da Lei, entendemos que não há como se tributar o serviço eventual e esporádico, na medida em que este teria a mesma característica do serviço desinteressado, sem constituir atividade do prestador e que lhe seja suficiente para manifestar capacidade contributiva.

Esta característica, no entanto, nada tem a ver com a observação formulada na legislação de que a prestação de serviços deve ser tributada, ainda que não constitua atividade preponderante do prestador (art. 1º, LC 116/03). Não há como se confundir preponderância com habitualidade, conceitos bastante diversos e cuja diferenciação apenas faz aprofundar a conclusão no sentido de que a atividade não habitual não deva ser alcançada pelo imposto municipal.

Em outras palavras, em síntese, serviço pode ser descrito, de acordo com as balizas fornecidas pela Constituição Federal, como sendo o esforço de pessoas desenvolvido em favor de outrem, com conteúdo econômico, de forma habitual e sob o regime de direito privado, em caráter negocial, tendente a produzir uma utilidade material ou imaterial.

Tais critérios de composição do conceito de prestação de serviços são aceitos de maneira pacífica pela doutrina[176].

VI. 7. A dificuldade de definição do núcleo da prestação de serviço

No entanto, o núcleo do conceito é que traz as maiores dificuldades de sua definição: de onde deve ser extraído o núcleo daquilo que seria o esforço humano presente na prestação do serviço? Quais são os limitadores do critério material da hipótese de incidência do ISS[177]?

---

[176] Veja-se, neste sentido, BAPTISTA, Marcelo Caron. *ISS: Do texto à norma*. São Paulo: Quartier Latin, 2005, pp. 253-277. ÁVILA, Humberto. *Sistema Constitucional Tributário*. São Paulo: Saraiva, 2004; BORGES, José Souto Maior. *Aspectos fundamentais da Competência para Instituir o ISS*. In TORRES, Heleno (org.). ISS na Lei Complementar 116/03 e na Constituição. Barueri: Manole, 2004; CARRAZZA, Roque Antônio. *Curso de Direito Constitucional Tributário*. 21ª ed. São Paulo: Malheiros, 2005; JUSTEN FILHO, Marçal. *O ISS na Constituição*. São Paulo: RT, 1985; MELO, José Eduardo Soares de. ISS – Aspectos Teóricos e Práticos. 3ª ed. São Paulo: Dialética, 2003. Do Direito Privado, verificam-se as lições de PEREIRA, Caio Mário da Silva. *Instituições de Direito Civil*, 3º vol. 4ª ed. Rio de Janeiro: Forense, 1978, p. 333-335 e GOMES, Orlando. Obrigações. 4ª ed. Rio de Janeiro: Forense, 1976, p. 353.

[177] Cf. BAPTISTA, Marcelo Caron. *ISS: Do texto à norma*. São Paulo: Quartier Latin, 2005, p. 121, a busca do núcleo e dos limites da regra-matriz deve ir além do conhecimento didático

CONCEITO DE PRESTAÇÃO DE SERVIÇOS

Transcrevem-se as profundas lições de Paulo de Barros Carvalho[178] sobre a necessária argúcia para a definição do critério material da hipótese de incidência:

> O critério material da hipótese tributária pode bem se chamado de núcleo, pois é o dado central que o legislador passa a condicionar, quando faz menção aos demais critérios. Parece-nos incorreta a tentativa de designá-lo como a descrição objetiva do fato, posto que tal descrição pressupõe circunstâncias de espaço e de tempo que o condicionam.
>
> Estar-se-ia conceituando a própria hipótese tributária. Essa é uma entre as muitas dificuldades que se nos antolham quando pretendemos cindir, mesmo que em termos lógicos, entidade uma e indecomponível. E nesse engano incidem todos os autores que versam a matéria. Tem-se esse critério como envolvente dos outros dois, isto é, daqueles que expressam os condicionantes de espaço e de tempo. Ao individualizar o critério material não se pode abarcar elementos estranhos que teriam o condão de empresta-lhe feição definitiva como previsão de um evento. E é uma tarefa sumamente difícil a ele referir sem tocarmos, mesmo que levemente, nas circunstâncias de tempo e lugar que lhe sejam atinentes.
>
> Para obviarmos tal empecilho, é preciso fazer abstração absoluta dos demais critérios (o que só é possível no plano lógico abstrato e procurar extrair não só o próprio fato, mas um evento que, condicionado no tempo e no espaço, venha a transformar-se no fato hipoteticamente descrito.

Diante da dificuldade apontada para a definição do núcleo daquilo que seria o esforço humano, grande parte da doutrina entende que o conceito de prestação de serviço deveria ser obtido exclusivamente a partir do Direito Privado (inclusive em obediência ao artigo 110, do Código Tributário Nacional[179]), na medida em que, à época da promulgação do Texto

---

da divisão estrutural entre hipótese de incidência e seu respectivo consequente, devendo o intérprete mergulhar a fundo em cada uma das proposições.

[178] CARVALHO, Paulo de Barros. *Teoria da Norma Tributária*. São Paulo: Max Limonad, 1998, p. 124-130.

[179] BRASIL. Congresso Nacional. Código Tributário Nacional: "Art. 110. A lei tributária não pode alterar a definição, o conteúdo e o alcance de institutos, conceitos e formas de direito privado, utilizados, expressa ou implicitamente, pela Constituição Federal, pelas Constituições dos Estados, ou pelas Leis Orgânicas do Distrito Federal ou dos Municípios, para definir ou limitar competências tributárias".

O CONCEITO DE SERVIÇO E A CONSTITUIÇÃO BRASILEIRA

Magno, já "vigia" um conceito de Direito Privado que por ele teria sido encampado.

Para os que sustentam essa "pré-admissão" do conceito pela Carta Magna, idealizar que não existisse um conceito pressuposto seria admitir que a lei complementar ou ordinária pudesse alterar um conceito constitucional.

É que entende Aliomar Baleeiro[180], seguido por Aires F. Barreto[181], afirmando o primeiro que "Para maior clareza de regra interpretativa, o CTN declara que a inalterabilidade das definições, conteúdo e alcance dos institutos, conceitos e forma do Direito Privado é estabelecida para resguardá-los no que interessa à competência tributária".

Arremata o doutrinador que "O texto acotovela o pleonasmo para dizer que as 'definições' e limites dessa competência, quando estatuídos à luz do Direito Privado, serão as deste, nem mais nem menos"[182].

Ocorre que a busca junto ao Direito Privado sobre qual seria o conceito de fazer não é simples. Isso porque, a análise do arcabouço legislativo não releva, em nenhum momento, uma definição exaustiva sobre o que seria a prestação de serviços.

Veja-se, como exemplo, que o Novo Código Civil dedica um capítulo inteiro (Capítulo VII) a tratar sobre a prestação de serviço, porém sem defini-la[183]; também a Lei Complementar 116/03 descreve as hipóteses em

---

[180] BALEEIRO, Aliomar. *Direito Tributário Brasileiro*. 10ª ed. Rio de Janeiro: Forense, 1981, p. 445.

[181] BARRETO, Aires F. *ISS na Constituição e na Lei*. 3ª ed., São Paulo: Dialética, 2009, p. 34

[182] No mesmo sentido, CARVALHO, Paulo de Barros. *Curso de Direito Tributário*. 3ª ed. São Paulo: Saraiva, 1988, p. 62, para quem: "O imperativo não vem diretamente do preceito exarado no art. 110. É uma imposição lógica da hierarquia de nosso sistema jurídico. O empenho do constituinte cairia em solo estéril se a lei infraconstitucional pudesse ampliar, modificar ou restringir os conceitos utilizados naqueles diplomas para desenhar as faixas de competências oferecidas às pessoas políticas. A rígida discriminação de campos materiais para o exercício da atividade legislativa dos entes tributantes, tendo estatura constitucional, por si só já determina essa inalterabilidade. Em todo caso, não deixa de ser oportuna a lembrança que o art. 110 aviva".

[183] Existe pelo menos uma situação em que o Código Civil dispõe sobre aquilo que não seria serviço, especificamente quando dispõe no artigo 722 que "Pelo contrato de corretagem, uma pessoa, não ligada a outra em virtude de mandato, de prestação de serviços ou por qualquer relação de dependência, obriga-se a obter para a segunda um ou mais negócios, conforme as instruções recebidas". Observe-se que a interpretação do Código poderia fazer concluir

CONCEITO DE PRESTAÇÃO DE SERVIÇOS

que o imposto não deveria incidir, sem evidenciar se, no seu entender, tais relações não seriam serviço ou se seriam verdadeiras causas de isenção.

Conhece-se apenas uma definição legal suficiente no ordenamento pátrio, que é de pouca valia para o estudo aqui pretendido: trata-se do art. 2º, §2º, do Código de Defesa do Consumidor, pelo qual "Serviço é qualquer atividade fornecida no mercado de consumo, mediante remuneração, inclusive as de natureza bancária, financeira, de crédito e securitária, salvo as decorrentes das relações de caráter trabalhista".

Ora, a definição de serviço como "qualquer atividade", "fornecida no mercado de consumo" e "mediante remuneração" é deveras ampla e guarda pouca tecnicidade com o conceito extraído do Direito Privado, na medida em que a própria intenção do Código de Defesa do Consumidor era a de atingir o maior número de atividades de mercado para colocar sob sua tutela (proteção do hipossuficiente).

Essa assertiva há de ser comprovada pelo excerto retirado da Exposição de Motivos do seu Anteprojeto:

> "A nível supra-estatal, a Organização das Nações Unidas, em sua Resolução nº 39/248, aprovou, em sessão plenária de 9 de abril de 1988 de uma política de proteção ao consumidor destinada aos estados filiados, tendo em conta os interesses e necessidades dos consumidores de todos os países e particularmente dos em desenvolvimento, reconhecendo que os mesmos consumidores enfrentam amiúde desequilíbrio em face da capacidade econômica, nível de educação e poder de negociação. Reconhece ainda que todos os consumidores devem ter o direito de acesso a produtos que não sejam perigosos, assim como o de promover um desenvolvimento econômico e social justo.

Por conseguinte, tendo em vista a ausência de fontes legais para a definição do conceito de prestação de serviços, há de se buscar a definição de prestação de serviço a partir da doutrina civilista, que traz conteúdo deveras mais restrito que a legislação consumerista e que a noção vulgar do que é serviço[184].

---

que na corretagem não haveria prestação de serviço, porquanto por esta relação as partes não poderiam estar ligadas, o que, em nosso entender, além do prejuízo de definir de forma negativa um instituto, ainda não acompanhou a melhor técnica o legislador.

[184] Veja-se que o Dicionário Houaiss da Língua Portuguesa traz 26 definições sobre aquilo que ordinariamente se conhece como serviço, a saber: "ação ou efeito de servir, de dar de si

VI. 8. Conceito de prestação como obrigação de fazer

Nesse esteio, a melhor doutrina que já se debruçou sobre a fixação do conceito de serviço – como Geraldo Ataliba, Aires Barreto, Roque Carrazza e Elizabeth Carrazza – revela que esta se sobressai a partir da análise dicotômica entre as obrigações[185] de dar e de fazer.

Isso porque as obrigações positivas dividem-se em prestações de coisas e prestações de fatos[186], ao que as prestações de coisas consistem na entrega de um bem, enquanto as prestações de fatos consistem em atividades do devedor.

Diferenciando os dois tipos de prestação, Washington de Barros Monteiro[187] afirma que "O *substractum* da diferenciação está em verificar se o dar ou de entregar alguma coisa, não tendo, porém, de fazê-la previamente, a obrigação é de dar; todavia, se primeiramente ele tem de confeccionar a

algo em forma de trabalho; exercício e desempenho de qualquer atividade; o próprio trabalho a ser executado ou que se executou; a obra, o expediente, o mister, a tarefa, a ocupação ou a função; estado de quem serve outrem; celebração de cerimônias religiosas; qualidade do que serve; utilidade, préstimo, serventia; algo que se faz para alguém de graça; favor, obséquio; percentagem de uma conta de hotel, de restaurante etc. que se destina a gratificar o pessoal e a cobrir certas despesas fixas; maneira de servir; conjunto de peças (baixela, toalha, guardanapos) para a mesa; aparelho; conjunto das iguarias servidas numa recepção ou reunião, segundo uma ordem estabelecida; meio de acesso; passagem, circulação; área reservada ao uso e circulação dos empregados, entregadores etc. nos edifícios, casas etc.; nome que se dá ao lavor no fabrico de rendas; vaso sanitário; organização de certas instituições públicas ou privadas, encarregadas de uma função particular; o trabalho do garçom; conjunto de alimentos (pão, manteiga, patê, azeitonas etc.) servidos num restaurante, enquanto se espera a refeição propriamente dita; lugar onde são exploradas as minas de ouro ou diamantes; no jogo da pela, o último parceiro; saque; produto da atividade humana destinado à satisfação de necessidades, mas que não apresenta o aspecto de um bem material (p. ex.: transporte, educação, atividades de profissionais liberais etc.); nome genérico dos pagamentos a uma dívida, tais como os juros e as amortizações do principal; nos hospitais, local de trabalho que se destina a diagnóstico e tratamento de doentes e também a ensino médico de graduação e pós-graduação; nome dado aos grandes corpos destinados a prover as necessidades de ordem geral (administração, equipamento, abastecimento); feitiçaria efetuada sob encomenda.

[185] Importante que se pontue neste trabalho que, nos casos das obrigações positivas, a expressão "obrigação" será utilizada como sinônimo de "prestação"; já nos casos das obrigações de "não fazer" e "não dar", a expressão "prestação" não será utilizada, pois em nosso entender esta tem conteúdo positivo e não se coaduna com uma conduta de abstenção.

[186] Cf. GOMES, Orlando. *Obrigações*. Rio de Janeiro: Forense, 1961, p. 66.

[187] MONTEIRO, Washington de Barros. *Curso de Direito Civil – Direito das Obrigações*, 1ª parte, São Paulo, Saraiva, 1967, p. 95.

coisa para depois entrega-la, se tem ele de realizar algum ato, do qual será mero corolário o de dar, tecnicamente a obrigação é de fazer".

Orlando Gomes[188] discorre no mesmo sentido, afirmando que na obrigação de dar, ao credor pouco importa se houve algum tipo de "fazer" para que aquele bem estivesse naquela condição necessária, no momento da realização do negócio, da mesma forma como na obrigação de fazer ao credor importa apenas a utilidade que lhe pode ser fornecida como resultado final da operação. Também, em sentido rigorosamente idêntico, citem-se as lições de Clóvis Beviláqua[189].

É também o que conclui Maria Helena Diniz[190], para quem "O objeto desse contrato (...) é uma obrigação de fazer, ou seja, a prestação de atividade lícita, não vedada pela lei e pelos bons costumes, oriunda da energia humana aproveitada por outrem, e que pode ser material ou i material".

As lições acima transcritas não fazem excluir a constatação de que a prestação de serviços não afasta o emprego de bens materiais ou imateriais, bem como de mercadorias ou produtos industrializados ou de equipamentos, tanto que a própria Lei Complementar 116/03, incorporando tal conceito, disciplinou o tratamento que deve ser conferido nestas situações, v.g. artigo 1º, § 2º e item 7.02 da lista a ela anexa[191].

---

[188] GOMES, Orlando. *Obrigações*. Rio de Janeiro: Forense, 1961, p. 67: "Nas obrigações de dar, o que interessa ao credor é a coisa que lhe deve ser entregue, pouco lhe importando a atividade de que o devedor precisa exercer para realizar a entrega. Nas obrigações de fazer, ao contrário, o fim que se tem em mira é aproveitar o serviço contratado".

[189] BEVILÁQUA, Clóvis. *Direito das Obrigações*. 9ª ed. Rio de Janeiro: Francisco Alves, 1957, p. 54: "Obrigação de dar é aquela cuja prestação consiste na entrega de uma coisa móvel ou imóvel, seja para constituir um direito real, seja somente para facilitar o uso, ou ainda, a simples detenção, seja finalmente, para restituí-la a seu dono".

[190] DINIZ, Maria Helena. *Curso de Direito Civil Brasileiro*. 3º vol. São Paulo: Saraiva, 2003, p. 278.

[191] BRASIL. Congresso Nacional. Lei Complementar nº 116/03: "Art. 1º O Imposto Sobre Serviços de Qualquer Natureza, de competência dos Municípios e do Distrito Federal, tem como fato gerador a prestação de serviços constantes da lista anexa, ainda que esses não se constituam como atividade preponderante do prestador. (...) § 2º Ressalvadas as exceções expressas na lista anexa, os serviços nela mencionados não ficam sujeitos ao Imposto Sobre Operações Relativas à Circulação de Mercadorias e Prestações de Serviços de Transporte Interestadual e Intermunicipal e de Comunicação – ICMS, ainda que sua prestação envolva fornecimento de mercadorias. (...)7.02 – Execução, por administração, empreitada ou subem-

O CONCEITO DE SERVIÇO E A CONSTITUIÇÃO BRASILEIRA

Na verdade, a prestação de serviços irá pressupor, na maior parte das vezes, o emprego de tais bens, equipamentos etc. Deve-se apurar, no entanto, qual a prevalência da contratação, se a entrega de tais bens e equipamentos ou o resultado de seu emprego, tendente a gerar uma utilidade diversa ao tomador do que sua simples entrega[192].

Neste caso, não há dúvidas de que prestação de serviços traduz-se numa prestação jurídica de fazer, conforme também conclui Marçal Justen Filho[193] e Geraldo Ataliba, para quem:

> No caso da prestação de serviço, os civilistas mostram que o contrato de locação civil de serviços se caracteriza exatamente pela circunstância de o objeto juridicamente exigível ser um esforço humano que alguém produz em favor de terceiro. Esse esforço humano pode ou não ser traduzido numa coisa material, mas o objeto jurídico do contrato é de prestação de serviços é um esforço humano. Em oposição a isto, um contrato que tenha por objeto a entrega de mercadoria, é o caso típico da compra e venda mercantil e de outros institutos do direito mercantil, ou seja, que tenha por objeto mercadoria, exigem uma coisa que se qualifique à luz do direito mercantil como mer-

preitada, de obras de construção civil, hidráulica ou elétrica e de outras obras semelhantes, inclusive sondagem, perfuração de poços, escavação, drenagem e irrigação, terraplanagem, pavimentação, concretagem e a instalação e montagem de produtos, peças e equipamentos (exceto o fornecimento de mercadorias produzidas pelo prestador de serviços fora do local da prestação dos serviços, que fica sujeito ao ICMS)".

[192] Cf. DINIZ, Maria Helena. *Curso de Direito Civil Brasileiro*. 2º vol. São Paulo: Saraiva, 2003, p. 100: "Tanto a obrigação de dar como a de fazer constituem obrigações *positivas*, que muitas vezes se mesclam. Na compra e venda, p. ex., o vendedor tem obrigação de entregar a coisa vendida (dar) e de responder pela evicção e vícios redibitórios (fazer) (...) Por essa razão urge estabelecer critérios diferenciadores, que possibilitem separar uma relação obrigacional de outra, desprezando-se, no caso em que essas obrigações se misturam, o ponto de vista unificador e a idéia de se considerar uma delas principal e a outra acessória, visto que nenhum daqueles atos em que cada uma se desdobra pode ser tido como acessório, reconhecendo-se, então, a existência de duas obrigações distintas, cada qual com seus caracteres próprios e sua individualidade".

[193] JUSTEN FILHO, Marçal. *O Imposto sobre Serviços na Constituição*. São Paulo: RT, 1985, p. 90: "Restam, então, as obrigações de prestação positiva. E, dentro delas, as obrigações de fazer, pois elas é que podem produzir uma prestação de esforço pessoal, caracterizadora de serviço tributável por via do ISS. As obrigações de dar não conduzem a um serviço prestado. A prestação do esforço caracterizadora do serviço é quantificável juridicamente como execução de uma obrigação de fazer".

cadoria sob pena de não haver o contrato, o que então nos levaria à distinção de dar e a obrigação de fazer. O contrato de prestação de serviço configura típica obrigação de fazer. O contrato mercantil de compra e venda, que tem por objeto mercador, é típica obrigação de dar".

Vale salientar, inclusive, que o Poder Judiciário encampou pacificamente[194] tal conceito, tanto que o julgamento havido no recurso extraordinário nº 116.121-3/SP[195] decidiu que a existência do conceito de prestação de serviço está intimamente ligada à existência de uma prestação de fazer, como será mais bem tratado no tópico próprio em que se demonstrará a evolução jurisdicional sobre o conceito de serviço, tanto que se fez publicada a Súmula Vinculante nº 31, pela qual se decidiu que "É inconstitucional a incidência do Imposto sobre Serviços de Qualquer Natureza – ISS sobre operações de locação de bens móveis", de observância obrigatória por todas as instâncias de governo e do próprio Poder Judiciário.

---

[194] Na verdade o Supremo Tribunal Federal reviu seu entendimento anterior, baseado na melhor doutrina já apontada, que era no seguinte sentido: "TRIBUTÁRIO. ISS NA LOCAÇÃO DE BENS MÓVEIS. O QUE SE DESTACA, 'UTILITATIS CAUSA, NA LOCAÇÃO DE BENS MÓVEIS, NÃO E APENAS O USO E GOZO DA COISA, MAS SUA UTILIZAÇÃO NA PRESTAÇÃO DE UM SERVIÇO. LEVA-SE EM CONTA A REALIDADE ECONÔMICA, QUE E A ATIVIDADE QUE SE PRESTA COM O BEM MOVEL, E NÃO A MERA OBRIGAÇÃO DE DAR, QUE CARACTERIZA O CONTRATO DE LOCAÇÃO, SEGUNDO O ARTIGO 1188 DO CÓDIGO CIVIL. NA LOCAÇÃO DE GUINDASTES, O QUE TEM RELEVO E A ATIVIDADE COM ELES DESENVOLVIDA, QUE ADQUIRE CONSISTENCIA ECONÔMICA, DE MODO A TORNAR-SE UM INDICE DE CAPACIDADE CONTRIBUTIVA DO IMPOSTO SOBRE SERVIÇOS. RECURSO NÃO CONHECIDO. (RE 112947, Relator(a): Min. CARLOS MADEIRA, Segunda Turma, julgado em 19/06/1987, DJ 07-08-1987 PP-15439 EMENT VOL-01468-04 PP-00784)

[195] BRASIL. Supremo Tribunal Federal. Recurso Extraordinário nº 116.121-3/SP: "TRIBUTO – FIGURINO CONSTITUCIONAL. A supremacia da Carta Federal é conducente a glosar-se a cobrança de tributo discrepante daqueles nela previstos. IMPOSTO SOBRE SERVIÇOS – CONTRATO DE LOCAÇÃO. A terminologia constitucional do Imposto sobre Serviços revela o objeto da tributação. Conflita com a Lei Maior dispositivo que imponha o tributo considerado contrato de locação de bem móvel. Em Direito, os institutos, as expressões e os vocábulos têm sentido próprio, descabendo confundir a locação de serviços com a de móveis, práticas diversas regidas pelo Código Civil, cujas definições são de observância inafastável – artigo 110 do Código Tributário Nacional". (RE 116121, Relator(a): Min. OCTAVIO GALLOTTI, Relator(a) p/ Acórdão: Min. MARCO AURÉLIO, Tribunal Pleno, julgado em 11/10/2000, DJ 25-05-2001 PP-00017 EMENT VOL-02032-04 PP-00669)

Encampando tal entendimento, do Superior Tribunal de Justiça também se extrai precedentes no mesmo sentido[196], ao que se pode verificar

---

[196] BRASIL. Superior Tribunal de Justiça. "TRIBUTÁRIO. AGRAVO REGIMENTAL EM RECURSO ESPECIAL. ISS. ARRENDAMENTO MERCANTIL. OBRIGAÇÃO DE FAZER. CONCEITO PRESSUPOSTO PELA CONSTITUIÇÃO FEDERAL DE 1988. AMPLIAÇÃO DO CONCEITO QUE EXTRAVASA O ÂMBITO DA VIOLAÇÃO DA LEGISLAÇÃO INFRACONSTITUCIONAL PARA INFIRMAR A PRÓPRIA COMPETÊNCIA TRIBUTÁRIA CONSTITUCIONAL. ACÓRDÃO CALCADO EM FUNDAMENTO SUBSTANCIALMENTE CONSTITUCIONAL. INCOMPETÊNCIA DO SUPERIOR TRIBUNAL DE JUSTIÇA. TEMA DIVERSO DO ENSEJADOR DA SÚMULA 138 DO STJ. 1. O ISS na sua configuração constitucional incide sobre uma prestação de serviço, cujo conceito pressuposto pela Carta Magna eclipsa ad substantia obligatio in faciendo, inconfundível com a denominada obrigação de dar. 2. A Constituição utiliza os conceitos de direito no seu sentido próprio, com que implícita a norma do artigo 110, do CTN, que interdita a alteração da categorização dos institutos. 3. Consectariamente, qualificar como serviço a atividade que não ostenta essa categoria jurídica implica em violação bifronte ao preceito constitucional, porquanto o texto maior a utiliza não só no sentido próprio, como também o faz para o fim de repartição tributária-constitucional (RE 116121/SP). 4. A regra do artigo 156, III, da Constituição Federal de 1988 é impositiva, verbis: "Art. 156. Compete aos Municípios instituir impostos sobre: I – propriedade predial e territorial urbana; II – transmissão "inter vivos", a qualquer título, por ato oneroso, de bens imóveis, por natureza ou acessão física, e de direitos reais sobre imóveis, exceto os de garantia, bem como cessão de direitos a sua aquisição; III – serviços de qualquer natureza, não compreendidos no art. 155, II, definidos em lei complementar. (Redação dada pela Emenda Constitucional nº 3, de 1993) (...)" 5. A dicção constitucional, como evidente, não autoriza que a lei complementar inclua no seu bojo atividade que não represente serviço e, a fortiori, obrigação de fazer, porque a isso corresponderia franquear a modificação de competência tributária por lei complementar, com violação do pacto federativo, inalterável sequer pelo poder constituinte, posto blindado por cláusula pétrea. 6. O conceito pressuposto pela Constituição Federal de serviço e de obrigação de fazer corresponde aquele emprestado pela teoria geral do direito, segundo o qual o objeto da prestação é uma conduta do obrigado, que em nada se assemelha ao dar, cujo antecedente necessário é o repasse a outrem de um bem preexistente, a qualquer título, consoante a homogeneidade da doutrina nacional e alienígena, quer de Direito Privado, quer de Direito Público. 7. Envolvendo a atividade, bens e serviços, a realidade econômica que interessa ao Direito Tributário impõe aferir o desígnio final pretendido pelo sujeito passivo tributário, distinguindo-se a atividade meio, da atividade fim, esta última o substrato da hipótese de incidência. 8. "A adulteração dos conceitos incorporados pelo Constituinte na criação da regra-matriz de incidência de cada exação fiscal é matéria constitucional, visto que viola as regras de repartição constitucional da competência tributária e, por conseqüência, atenta contra a organização federativa do Estado, que pressupõe a autonomia legislativa dos entes federados" (Parecer da lavra de Luiz Rodrigues Wambier, datado de 20.07.2006)".

CONCEITO DE PRESTAÇÃO DE SERVIÇOS

que a identificação entre prestação de serviço e prestação de fazer são conceitos encampados de forma incontroversa pela doutrina e jurisprudência pátrias, premissa sobre a qual se balizarão as conclusões deste estudo.

VI. 8. 1. Prestação-meio e prestação-fim

Conforme acima discorrido, a doutrina civilista sempre entendeu que apenas estariam enquadradas como serviço as prestações de fazer. Mas não é qualquer fazer que poderá dar ensejo à tributação pelo Imposto sobre Serviços; há de se identificar o fazer como utilidade material ou imaterial oferecida ao terceiro.

Isso porque da complexidade dos fatos poderão decorrer situações em que prestações de fazer se misturem com prestações de dar – conforme visto no tópico anterior – ao que, para que seja identificada a possibilidade de configuração de um serviço, com a autonomia necessária para desencadear a tributação, haverá de se verificar se a prestação de fazer é a utilidade contratada pelo tomador, nos termos das lições já transcritas de Orlando Gomes[197].

Por esta razão é que Aires F. Barreto afirma, com segura propriedade, que serviço tributável é somente aquele que atinge o fim do contrato e não suas etapas, tarefas intermediárias, necessárias ou imprescindíveis para a obtenção do resultado final[198].

Como conclusão, caso a obrigação final seja uma obrigação de dar, ainda que existam muitos "fazeres" a ela inerentes, necessários para que esta operação se concretize, tais atividades não serão tributáveis pelo Imposto sobre Serviços por não deterem a autonomia necessária para tanto. No entanto, há de se ter a necessária cautela para que se defina o que seria a atividade-fim em uma determinada contratação.

Neste sentido, veja-se que uma determinada pessoa poderá levar suas roupas em uma lavanderia para que elas sejam higienizadas; trata-se de

---

(AgRg no REsp 945.932/RS, Rel. Ministro LUIZ FUX, PRIMEIRA TURMA, julgado em 05/02/2009, DJe 19/02/2009)

[197] GOMES, Orlando. *Obrigações*. Rio de Janeiro: Forense, 1961, p. 67: "Nas obrigações de dar, o que interessa ao credor é a coisa que lhe deve ser entregue, pouco lhe importando a atividade de que o devedor precisa exercer para realizar a entrega. Nas obrigações de fazer, ao contrário, o fim que se tem em mira é aproveitar o serviço contratado".

[198] BARRETO, Aires F. ISS – atividade-meio e serviço-fim. *Revista Dialética de Direito Tributário* nº 5, São Paulo: Dialética, 1996, p. 82.

um típico serviço de limpeza. No entanto, o derradeiro ato deste serviço poderá se concretizar com o contratante retirando as roupas no estabelecimento ou com a entrega em domicílio das roupas. Muito embora o derradeiro ato da contratação tenha sido a entrega (portanto, um "dar"), não há como se confundir o último ato como o objeto da contratação, que se completou com a limpeza das roupas, razão pela qual Marçal Justen Filho chama a atenção para explicar que há obrigações de fazer de duas naturezas bem definidas, quais sejam, aquelas que se esgotam em si mesmas e aquelas que se caracterizam como um ato preparatório para a realização de um novo negócio jurídico[199].

Importante pontuar que, também como conclusão do quanto até o momento se expôs, se é verdade que as atividades-meio realizadas para ultimar a prestação de serviços não são tributáveis, também é fato que a mera potencialidade[200] de sua realização também não poderá ser tida como matéria elegível para desencadear a exigência do imposto[201].

Os Tribunais Superiores já corroboraram este entendimento doutrinário sobre a impossibilidade de taxação das atividades-meio, o Supremo

---

[199] JUSTEN FILHO, Marçal. *O imposto sobre serviços na Constituição*. São Paulo. RT, 1985, p. 90.

[200] CARRAZZA, Roque Antônio. ISS – Serviços de Reparação de Turbinas de Aeronaves para Destinatários no Exterior, Não incidência, Exegese do art. 2º e seu parágrafo único da Lei Complementar nº 116/03. *Revista de Direito Tributário nº 93*. São Paulo: Malheiros, 2005, p. 31: "(...) O ISS incide sobre o fato prestação de serviços. E um serviço só está prestado quando é posto à disposição do contratante, isto é, do tomado, que poderá utilizá-lo como for de sua conveniência".

[201] Cf. BORGES, José Souto Maior. Inconstitucionalidade e Ilegalidade da Cobrança do ISS sobre Contratos de Assistência Médico-Hospitalar. *Revista de Direito Tributário nº 38*, São Paulo, Malheiros, 1986, p. 168-169: "Se assim não fora, ficariam sem efeito prático todos os dispositivos constitucionais limitadores da competência tributária. Imagine-se o que sucederia se a União pudesse tributar a renda potencial, a produção potencial de produtos industrializados, a titularidade potencial d a propriedade territorial rural, e os Estados, a circulação potencial de mercadorias (...) [o ISS] não pode incidir sobre o que ainda não é serviço, a mera potencialidade desta prestação (...) Como a CF só autoriza sejam gravadas as prestações de serviços concretamente ocorridas, ou – o que é o mesmo – os serviços efetivamente prestados – as prestações potenciais de serviços não compõem o âmbito material de validade da lei municipal instituidora do ISS. Se a exigência decorre reversamente de aplicação da lei municipal em sede administrativa, a inconstitucionalidade estaria *a fortiori* caracterizada. Porque nesses termos inconstitucional seria a aplicação de lei constitucional. É dizer: viciado por inconstitucionalidade mostrar-se-ia o ato de aplicação da lei tributária material ao caso concreto".

CONCEITO DE PRESTAÇÃO DE SERVIÇOS

Tribunal Federal ainda sob a égide da antiga Carta Constitucional[202]. O Superior Tribunal de Justiça tem reafirmado o seu entendimento no mesmo sentido da melhor doutrina[203].

O conceito de que as atividades intermediárias não poderão ser tributadas pelo ISS é de suma importância, na medida em que, aos olhos leigos menos treinados para a matéria poderá parecer que a existência de qualquer "fazer" no meio da operação poderá dar ensejo à cobrança do ISS, ao que, estressado tal argumento, seriam poucas as atividades que fugiriam da submissão ao referido imposto.

---

[202] BRASIL. Supremo Tribunal Federal. "IMPOSTO SOBRE SERVIÇOS. ITEM 33 DA LISTA ANEXA AO DECRETO-LEI 839/69. ÂMBITO DE INCIDENCIA DO TRIBUTO. A ANALISE TECNICA DE QUE TRATA O ITEM 33 DE LISTA DE SERVIÇOS ANEXA AO DECRETO-LEI 839/69, NÃO PODE INCLUIR AS ATIVIDADES-MEIO QUE FORNECEM A MATÉRIA PARA ANALISE. A INCLUSAO DESSA ATIVIDADE NO ÂMBITO DE INCIDENCIA DEFINIDO NAQUELE ITEM, IMPORTA INTEGRAÇÃO ANALOGICA, QUE MALFERE A REGRA DO ARTIGO 108 DO CÓDIGO TRIBUTÁRIO NACIONAL. RECURSO NÃO CONHECIDO. (RE 114354, Relator(a): Min. CARLOS MADEIRA, Segunda Turma, julgado em 06/11/1987, DJ 04-12-1987 PP-27644 EMENT VOL-01485-03 PP-00481)

[203] BRASIL. Superior Tribunal de Justiça. "TRIBUTÁRIO. ISSQN. FATO GERADOR. SERVIÇO DE TRANSPORTE DE VALORES. COBRANÇA DE PREÇO ÚNICO, NELE INCLUÍDOS OS SERVIÇOS AUXILIARES INDISPENSÁVEIS À CONSECUÇÃO DA ATIVIDADE FIM. BASE DE CÁLCULO: PREÇO COBRADO PELA TOTALIDADE DO SERVIÇO (LC 116/03, ART. 7º; DL 406/68, ART. 9º). RECURSO IMPROVIDO. (REsp 901.298/RS, Rel. Ministro TEORI ALBINO ZAVASCKI, PRIMEIRA TURMA, julgado em 21/10/2008, DJe 03/11/2008)

Capítulo VII
Serviço Enquanto Conceito Pressuposto pelo Texto Constitucional e sua Formação Hermenêutica

Como já se demonstrou, a doutrina pouco diverge sobre o conceito de prestação de serviços e suas balizas configuradoras, extraído este da própria Carta Constitucional.

VII. 1. Prestação de serviço enquanto conceito em processo de evolução

No entanto, muito embora a maior parte da doutrina anua com o fato de que a Constituição Federal pressupõe a existência de um conceito de prestação de serviço[204] e que este deveria ser obtido a partir do Direito Privado, a questão que se coloca é a de se tal conceito deverá se alterar de acordo com as evoluções sofridas pelo próprio Direito Privado ou se este conceito deverá ser objetivado de acordo com o momento histórico da promulgação da Carta Política.

Isso porque, muito embora o Texto Magno tenha descido no detalhe sobre a incidência tributária – e definido, com detalhamento mínimo as competências tributárias –, a apresentação de conceitos incertos, cuja

---

[204] Neste sentido, confira-se o quanto exposto por CARRAZZA, Elizabeth Nazar. *O Imposto sobre Serviços na Constituição*. Dissertação de Mestrado apresentada na Pontifícia Universidade Católica de São Paulo, na área de concentração de Direito Tributário, sob orientação do Professor Geraldo Ataliba. São Paulo, 1976, p. 67.

definição deve ser buscada por meio de outros critérios de interpretação faz revelar a pertinência da necessidade de atualização destes conceitos de acordo com os aspectos da evolução social.

Caso se pudesse concluir de forma inconteste que os conceitos pressupostos pela Constituição deveriam sempre ser pesquisados de acordo com a sua conformação histórica existente ao tempo da promulgação da Carta Magna, a rigidez a ela imposta faria com que seu texto demandasse mudanças frequentes, conclusão contrária à própria vontade daqueles que construíram a Constituição Federal como um texto rígido, que demanda quóruns extremamente elevados para sofrer atualizações[205] e que também chega a proibir mudanças em determinados sentidos (v.g. alteração no sistema federativo).

Exatamente por isso que, como já apontado no introito deste estudo, mais recentemente existem doutrinadores que sustentam a inafastabilidade da denominada jurisdição constitucional, pela qual o Poder Judiciário seria constantemente chamado a melhor delimitar os conceitos contidos na Constituição Federal, quando a doutrina, os entes fazendários e os contribuintes não pudessem se alinhar quanto a tais conceitos, inserindo em tais concepções as evoluções dos fatos sociais verificados.

Nesta linha de argumentação é que, por exemplo, João Maurício Adeodato[206] afirma que o texto amplo da Constituição não deveria fornecer uma norma jurídica propriamente dita, mas o embrião interpretativo para que esta possa se formar diante de cada um dos casos concretos, no que é seguido por Lenio Luiz Streck[207], que propõe uma jurisdição constitucional gradual e controlada, que possa canalizar a complexidade social,

---

[205] Cf. FERREIRA FILHO, Manoel Gonçalves. *Curso de Direito Constitucional.* 27ª ed. São Paulo: Saraiva, 2001, pp. 10-15.

[206] ADEODATO, João Maurício. *A Retórica Constitucional – Sobre tolerância, Direitos Humanos e Outros Fundamentos éticos do Direito Positivo.* 2ª ed. São Paulo: Saraiva, 2010, p. 199. Afirma o doutrinador que: "o texto normativo genérico previamente dado, elaborado pelo poder legiferante, não constitui a norma jurídica (..), mas apenas fornece um ponto de partida para sua construção diante do caso. Isso, como se verá, não é uma pregação missionária por um aumento de importância do poder judiciário, mormente sua cúpula, nem uma tentativa de combate a esse fenômeno, mas sim uma simples verificação".

[207] STRECK, Lenio Luiz. *Jurisdição constitucional e hermenêutica – uma nova crítica do direito.* Porto Alegre: Livraria do Advogado, 2002, p. 213.

sem apego à dogmática jurídica tradicional que descontextualiza o Texto Magno.

No entanto, grande parte da doutrina sustenta que os conceitos utilizados pela Constituição Federal deveriam ser buscados de acordo com aqueles vigentes no momento da promulgação do Texto Maior, sob a pena de que a rígida separação das competências tributárias pudesse ser manipulada por emendas constitucionais, ou mesmo pelo legislador complementar e ordinário. É neste sentido que afirma Alcides Jorge Costa[208], ao consignar que:

> (...) inexiste entre nós sequer a possibilidade de discutir se os conceitos e institutos de direito privado mencionados na Constituição Federal devem ou não ser recebidos como tais pelo direito tributário. Mas não é só. A União detém o monopólio legislativo no campo do direito privado (...). Se, no uso de sua competência legislativa, a União alterar os conceitos de direito privado de que usa a Constituição para discriminar as fontes de receita tributária, esta alteração será irrelevante no campo do direito tributário. Se assim não fosse, a partilha destas fontes entre União, Estado e Municípios ficaria ao alvedrio do legislador federal ordinário, pelo menos em parte. Em suma, os institutos, conceitos e formas de direito privado, utilizados pela Constituição para definir ou limitar competências tributárias, será (sic) os existentes ao tempo em que a Constituição foi promulgada ou emendada, sendo irrelevantes alterações posteriores.

É esta também a impressão tomada por Misabel Derzi[209] ao afirmar que a discriminação das competências tributárias seria manifestação do próprio federalismo, ao que qualquer tentativa de alteração dos conceitos pressupostos pelo Texto Magno seriam formas de ataque ao referido princípio. Discorre que:

> Essa rigidez tem como pedra básica a competência privativa, mola mestra do sistema, o qual repele a bitributação e evita a promiscuidade entre tributos distintos. Conceitos como bitributação, invasão de competência, bis in idem, identidade ou diversidade entre espécies tributárias necessários ao funcio-

---

[208] COSTA, Alcides Jorge. Direito Tributário e Direito Privado. In: Machado, Brandão (coord.). *Direito Tributário: estudos em homenagem ao Prof. Ruy Barbosa Nogueira*. São Paulo: Saraiva, 1984, pp. 224-225;

[209] DERZI, Misabel. *Direito Tributário, Direito Penal e tipo*. 2ª ed. São Paulo: RT, 2007, p. 103.

namento harmônico e aplicação das normas constitucionais não se aperfeiçoam por meio das relações comparativas do 'mais ou menos' ou 'tanto mais quanto menos' inerentes ao pensamento tipológico. Muito mais ajustam-se às excludentes 'ou ou' e às características irrenunciáveis e rígidas dos conceitos determinados.

Dada a devida vênia à respeitabilidade dos aludidos expoentes, concordamos com João Maurício Adeodato que propõe como solução para o problema, em primeiro lugar o desapego à necessidade de uma teoria universalista e reificadora, mas sim uma análise concreta e construtivista. Trata-se de conclusão bastante próxima àquela exarada por Luis Eduardo Schoueri[210] ao afirmar que o legislador complementar deverá retratar a realidade idealizada pelo Constituinte, mas impondo a fluidez necessária na delimitação de conceitos.

Entretanto, não se trata de afirmar que o conceito deve ficar incerto e ao sabor casuístico, porque neste sentido traria instabilidade tal ao sistema que o tornaria ineficiente, exatamente o que será alvo das criticas dos capítulos subsequentes.

Neste sentido, o que se busca concluir é que o Texto Constitucional, quando discorre sobre as competências tributárias, pressupõe a existência de um conceito extraído do Direito Privado – no que se enquadra a prestação de serviços –, mas este conceito não poderá ser um conceito estanque, que ignore as transformações sociais, que também devem funcionar como fonte do Direito e como desencadeador interpretativo.

VII. 2. Princípios enquanto vetores da evolução do conceito de prestação de serviços

No entanto, como justificar a absorção das transformações sociais na configuração dos conceitos? Tal absorção somente se dará pela utilização dos princípios como vetores do processo interpretativo, privilegiando-se alguns em detrimento a outros de acordo com o momento histórico em que situado o intérprete.

---

[210] SCHOUERI, Luis Eduardo. Discriminação de competências e competência residual. In SCHOEURI, Luis Eduardo; ZILVETI, Fernando Aurélio (coord.). *Direito Tributário: estudos em homenagem a Brandão Machado*. São Paulo: Dialética, 1998, p. 113.

SERVIÇO ENQUANTO CONCEITO PRESSUPOSTO PELO TEXTO CONSTITUCIONAL

Esta não é tarefa fácil, como adverte Humberto Ávila[211], ao posicionar que não existe uma regra de primazia (ao menos absoluta) entre os princípios, senão uma técnica para sua ponderação. Além disso, a própria natureza fluida dos princípios já impede que neles se identifique uma ordem de prevalência, ao que a análise do caso concreto será determinante na sua conformação de prevalência.

Ocorre que se a análise de prevalência entre princípios não é tarefa fácil ao intérprete, princípios não devem ser entendidos como "soltos" e instrumentais a serviço de qualquer interpretação possível que se possa objetivar. Neste sentido, o princípio da segurança jurídica também impõe sua observância na aplicação dos demais princípios, como doutrina Humberto Ávila[212] ao afirmar que "também não há como ignorar que a própria segurança jurídica tem uma dimensão material que está efetivada se a aplicação das leis obedece à transformação das relações".

Prossegue o doutrinador gaúcho afirmando que "Segurança jurídica não significa apenas planejabilidade, mas para citar Tipke, 'segurança de princípios ou regras'. Um desses princípios é o da capacidade contributiva, compatível com a abertura normativa (normalmente atribuível apenas ao tipo)".

Assim é que se afirmando a existência de conceitos que devem ser extraídos do texto constitucional guardando-se a sua conformação original idealizada pelo Constituinte, porém atendo-se às transformações sociais, é que Ricardo Lobo Torres[213] também conclui que o legislador complementar e ordinário, exercendo o papel de hermeneuta, deve utilizar princípios como a proporcionalidade, praticabilidade, simplificação fiscal e igualdade, princípios tratados na abertura deste estudo, como material para formulação de regras de conduta.

Conforme esta conclusão que parece ser inexorável, diante da constatação da rápida evolução social é que, mesmo aqueles que defendem um maior apego ao conceito pressuposto em seu momento histórico original para interpretação do texto da Norma Maior, concluem que os conceitos indeterminados abrem a necessidade de que seja lançada uma luz sobre

---

[211] AVILA, Humberto. *Sistema Constitucional Tributário*. São Paulo: Saraiva, 2004, p. 190-191.

[212] Idem, Ibidem, , p. 191.

[213] TORRES, Ricardo Lobo. *Tratado de Direito Constitucional Financeiro e Tributário*. 2º vol. Rio de Janeiro: Renovar, 2005, p. 480 e 493.

a zona de penumbra que sobre eles se forma, na medida em que são uma realidade na aplicação da norma.

Conforme as considerações de Misabel Derzi[214] "mesmo quando em presença de indeterminação e de uma 'zona de penumbra', os casos-limites são submetidos, assim como aqueles claramente identificáveis, a uma subsunção alternativa".

Desta forma, quais seriam os caminhos para que fosse possível determinar o significado dos conceitos utilizados ou pressupostos pela Constituição servindo-se estes como limites para o legislador ou aplicador das leis em matéria tributária? Expõem-se algumas teorias formuladas a este respeito:

VII. 3. Teoria Estipulativa

De acordo com os defensores da teoria estipulativa, a Constituição não veicularia conceitos e o legislador teria ampla e irrestrita liberdade para atribuir significação às diretrizes constitucionais, sendo certo, ainda, que a Constituição absorve todos os conceitos já consolidados à época da sua promulgação.

Na seara tributária, colhem-se como exemplo as lições de Rubens Gomes de Sousa[215] sobre aquilo que poderia ser identificado com a defesa da teoria estipulativa, quando este doutrina que o conceito de renda seria aquele já então definido pela legislação infraconstitucional como tal.

Entendemos que, diante da atual Constituição Federal, esta é uma teoria difícil de ser sustentada diante de sua pretendida rigidez e da minuciosa repartição de competências por ela idealizada. Isso porque, aplicada esta teoria aos casos extremos, se os conceitos pudessem ser livremente alterados pelo legislador infraconstitucional, então a legislação poderia restringir os conceitos constitucionais a ponto de permitir que importante parcela da atividade produtiva (e da manifestação de riqueza) ficasse a salvo da tributação; de outro lado, caso o conceito se ampliasse indevidamente, entes federados poderiam exigir diferentes impostos sobre os mesmos fatos jurídicos, o que, certamente, jamais foi a intenção do Constituinte.

---

[214] DERZI, Misabel. *Direito Tributário, Direito Penal e tipo*. 2ª ed. São Paulo: RT, 2007, p. 248.

[215] SOUSA, Rubens Gomes. A evolução do conceito de rendimento tributável. *Revista de Direito Público nº 14*, São Paulo: Malheiros, p. 339.

No entanto, como foi visto no tópico da taxatividade da lista de serviços, de alguma forma o Supremo Tribunal Federal já entendeu ser aplicável no ordenamento jurídico pátrio a teoria estipulativa na busca de conceitos constitucionais.

Isso porque reconheceu que tributáveis seriam apenas os serviços eleitos na lista complementar, ou seja, por vias reflexas reconheceu que a competência dos municípios para tributar os serviços deveria estar limitada àquilo que a lei complementar reconheceu como se serviço fosse (discriminando a competência que outros atribuem exclusivamente ao Texto Constitucional).

Em outra oportunidade, o Supremo Tribunal Federal decidiu que o conceito de "direito adquirido", contido na Carta Magna, deveria ser obtido a partir da legislação infraconstitucional, ainda que nele tenha reconhecido uma carga principiológica e regulamentar. Quanto a esta segunda, como se observa da ementa do agravo regimental em agravo de instrumento nº 135.632/RS[216] "tendo-se presente o contexto normativo que vigora no Brasil, é na lei – e nesta, somente – que repousa o delineamento dos requisitos concernentes à caracterização do significado da expressão direito adquirido".

O Supremo Tribunal Federal, naquela ocasião, concluiu que "é ao legislador comum, portanto – sempre a partir de uma livre opção doutrinária feita dentre as diversas correntes teóricas que buscam determinar o sentido conceitual desse instituto – que compete definir os elementos essenciais à configuração do perfil e da noção mesma de direito adquirido".

Em que pesem os doutrinadores que a sustentem, assim como as decisões já havidas pelo Supremo Tribunal Federal, esta teoria em nosso entender não ultrapassa o mais frágil dos crivos lógicos; ora, pudesse toda a competência tributária ser modificada por meio de legislação infraconstitucional, a existência de uma Constituição seria absolutamente desnecessária.

Mais ainda: o Constituinte não teria estabelecido todas as travas e quóruns qualificados que o fez simplesmente para que depois, por meio de uma simples lei ordinária, todo o sistema por ele criado fosse alterado.

---

[216] BRASIL. Supremo Tribunal Federal. AI 135632 AgR, Relator(a): Min. CELSO DE MELLO, Primeira Turma, julgado em 10/10/1995, DJ 03-09-1999 PP-00027 EMENT VOL-01961-02 PP-00333).

É como leciona Elizabeth Nazar Carrazza[217], ainda à égide da anterior Constituição, afirmando que "Num Estado em que várias pessoas políticas exercem atividades tributárias, as dificuldades que surgem com a adoção de um sistema flexível de tributação – como é o caso, por exemplo, dos Estados Unidos e da Argentina – são muitas. Por esta razão, é bastante elogiável nosso sistema tributário, dos mais rígidos que se conhece", seguindo as lições de Geraldo Ataliba[218], que discorre sobre o sistema constitucional brasileiro afirmando que "é o mais rígido que se conhece, além de complexo e extenso. Em matéria tributária tudo foi feito pelo constituinte, que afeiçoou integralmente o sistema, entregando-o pronto e acabado ao legislador ordinário, a quem cabe somente obedecê-lo".

VII. 4. Teoria dos Significados Mínimos

Aqueles que se filiam a esta corrente entendem que existem conceitos pressupostos pela Constituição Federal aos quais o legislador infraconstitucional estaria adstrito/vinculado.

No entanto, esta corrente reconhece que existem conceitos que são mais fáceis de serem identificados a partir do texto constitucional, enquanto outros estariam em uma espécie de zona de penumbra, impondo uma complementação pelo seu intérprete, inclusive na edição da legislação infraconstitucional, ao que esta estaria autorizada.

O Supremo Tribunal Federal já reconheceu a validade do estabelecimento de conceitos nessas zonas de penumbra, nas hipóteses em que o texto constitucional não daria uma clara noção de sua abrangência. Como exemplos, pode-se citar o recurso extraordinário 117.887/SP, no qual se firmou a possibilidade de fixação do conceito de "renda", desde que não expressamente conflitante com o texto constitucional ou na ADI 551/ /RJ, em que se verificou não ser definido o conceito de confiscatoriedade previsto na Constituição, mas se decidiu que uma multa fixada em 200% sobre o valor do tributo seguramente incorporaria tal natureza.

Na mesma esteira da teoria estipulativa, entendemos que concluir que apenas o núcleo integraria um determinado conceito constitucional

---

[217] CARRAZZA, Elizabeth Nazar. *O Imposto sobre Serviços na Constituição*. Dissertação de Mestrado apresentada na Pontifícia Universidade Católica de São Paulo, na área de concentração de Direito Tributário, sob orientação do Professor Geraldo Ataliba. São Paulo, 1976, p. 8.

[218] ATALIBA, Geraldo. *Sistema Constitucional Tributário Brasileiro*. São Paulo: RT, 1966, p. 21.

é reduzi-lo de forma incompatível com a pretensão da Carta Política de regrar, com detalhes, as competências constitucionais. Mesmo porque a definição do que seria o núcleo do conceito e seus atributos periféricos seria discussão que, de modo indireto, poderia culminar na permissão de que o conceito constitucional fosse alterado, alargado ou estreitado, o que, mais uma vez, também não convence em face de uma Constituição de natureza rígida.

Ademais, o fato de a Constituição definir o núcleo de um conceito não significa que não tenha também delimitado os seus aspectos periféricos. Nessa esteira, concordamos com Andrei Velloso[219], para quem:

> A ambiguidade, a vagueza ou mesmo a textura aberta da linguagem não podem levar simplesmente à inexistência, total ou parcial, de significado, à anemia semântica. Demandam, com certeza, um esforço interpretativo superior, mas, se tal fato importasse na aniquilação do significado, ter-se-ia que negar os significados de todos e quaisquer preceitos jurídicas, porquanto enunciados imunes à interpretação, plenamente auto-suficientes, não existem.

Ademais, se o núcleo do conceito não for suficiente para definir as situações que estariam sob a competência tributária de um determinado ente, haveria de se concluir que a tributação pretendida seria impossível, ou seja, inexistiria competência tributária naquela situação, como resultado do princípio de que havendo dúvida, esta deverá se desfazer em favor do contribuinte.

VII. 5. Teoria da Suficiência do Texto Constitucional

Os defensores desta tese entendem que os conceitos abrangidos pela Constituição Federal podem e devem ser apreendidos exclusivamente daquele texto.

Nesta corrente encontram-se expoentes como Geraldo Ataliba e Aires F. Barreto[220], para o quais não se poderia permitir que a minuciosa repar-

---

[219] VELLOSO, Andrei Pitten. *Conceitos e competências tributárias*. São Paulo: Dialética, 2005, p. 32.

[220] ATALIBA, Geraldo; BARRETO, Aires F. *ISS e Locação – conceito constitucional de serviço – locação não é serviço; não pode a lei assim considera-la para efeitos tributários*. In Revista dos Tribunais v. 619, 1987, pp. 7-15.

O CONCEITO DE SERVIÇO E A CONSTITUIÇÃO BRASILEIRA

tição de competências do Texto Magno, assim como a rigidez por ele pretendida fossem alvo de incursões do legislador infraconstitucional como forma de alterá-lo, afirmando que as normas que conferem a competência tributária aos entes federados esgotam-se pela (i) minúcia e exaustividade; (ii) privatividade e; (iii) rigidez das competências.

Na mesma linha sustentam Hugo de Brito Machado[221] e Roberto Quiroga Mosquera[222], este último afirmando sobre o conceito constitucional de renda que "o cientista do Direito deve investigar o Texto Constitucional (sua linguagem-objeto) a fim de verificar se o legislador não se utilizou, também, de certas definições, expressas ou implícitas, acerca do significado do termo 'renda' e da expressão 'proventos de qualquer natureza'. Assim, investigando o estudioso do Direito extrairá um conceito dos mencionados termos".

Muito embora nos filiemos à tese de que o texto constitucional esgota os conceitos que emprega, entendemos que os conceitos não podem se esgotar nesse texto pois, caso tal assertiva fosse absoluta, não haveria qualquer espaço para evolução da norma de acordo com a complexidade dos eventos sociais que pretendesse regular; é dizer que muito embora o texto da Carta Magna tenha descido à minúcias, se considerarmos que os conceitos são pressupostos à época de sua edição – única forma de se concluir por um conceito completo e que se esgota – estaríamos sentenciando o Texto Constitucional à sua frequente reforma.

VII. 6. Teoria da Abertura Metodológica

Para aqueles que defendem a corrente da "abertura metodológica", os delimitadores da competência material tributária na formação dos conceitos devem ser obtidos por meio da ampliação da base de investigação; é dizer, passa a ser importante no processo hermenêutico de formação dos conceitos todos os sentidos da interpretação de todo o ordenamento, assim como os sentidos em que são empregadas as palavras, mesmo o seu emprego não técnico.

---

[221] MACHADO, Hugo de Brito. O conceito de serviço e algumas modalidades listadas no anexo da LC nº 116/2003. TORRES, Heleno (org.). *ISS na Lei Complementar 116/03 e na Constituição*. Barueri: Manole, 2004, p. 568.

[222] MOSQUERA, Roberto Quiroga. *Renda e Proventos de Qualquer Natureza: o Imposto e o Conceito Constitucional*. São Paulo: Dialética, 1996, pp. 13-14.

SERVIÇO ENQUANTO CONCEITO PRESSUPOSTO PELO TEXTO CONSTITUCIONAL

Ricardo Lobo Torres[223] afirma que a análise do texto constitucional jamais pode ser feita de forma isolada, sem a sua inserção no contexto em que inserido, assim como das demais normas do ordenamento que o circundam, para que este processo axiológico esteja imbuído de valores, conformados pelos princípios detalhados no átrio deste trabalho.

A interpretação dos conceitos tributários, portanto, não poderia ficar inerte aos termos utilizados pelas ciências das finanças, economia, política. Colacionam-se os dizeres de Luciano Amaro[224] ao defender, ainda que sem nominá-la, esta corrente de interpretação e formação de conceitos:

> Renda e proventos de qualquer natureza: este não é um conceito jurídico, é um conceito que se encontra no dicionário. É claro que a Constituição vai me dar alguns balizamentos para eu saber o que não é renda, mas para eu saber o que é renda eu não posso simplesmente partir de uma definição por exclusão. Eu sei que patrimônio não é renda, que importação não é renda, mas para saber o que é renda, além de excluir o que não é eu preciso decidir o que seria renda.
>
> Muito bem. Então vou, seguindo a lição de Américo Lacombe, procurar no dicionário e saber qual é o sentido das palavras usadas pelo legislador. O legislador só consegue expressar-se em palavras, e o legislador constituinte não é diferente, ele usa as palavras dentro de um contexto semântico que eu tenho de procurar dentro da língua usada pelo legislador.

Natália Dácomo[225] também conclui que o conceito (especificamente no caso por ela tratado, o conceito de serviço) deverá ser extraído do senso comum e da função pragmática da linguagem, com o que anuímos, porém pontuamos as necessárias reservas[226].

---

[223] TORRES, Ricardo Lobo. *Normas de interpretação e integração do Direito Tributário.* 4ª ed. Rio de Janeiro: Renovar, 2006, pp. 178-179.

[224] AMARO, Luciano. Mesa de debates – periodicidade do Imposto de Renda. *Revista de Direito Tributário* nº 63, São Paulo: Malheiros, 2003, p. 27.

[225] DÁCOMO, Natália. *Hipótese de Incidência do ISS.* São Paulo: Noeses, 2006, p. 35

[226] Necessária menção de que tal conclusão se faz no exato sentido de COÊLHO, Sacha Calmon Navarro. *Curso de Direito Tributário Brasileiro.* 9ª ed. Rio de Janeiro: Forense, 2006, p. 77: "É conveniente prevenir que o legislador, inclusive o constituinte, ao fazer leis, usa a linguagem comum do povo, o idioma corrente. Duas razões existem para isso: *Primus* – o legislador não é necessariamente um cientista do Direito, um jurista. Provém da sociedade, multiforme como é, e a representa. São engenheiros, advogados, fazendeiros, operários, comerciantes,

O CONCEITO DE SERVIÇO E A CONSTITUIÇÃO BRASILEIRA

Isso porque, como já apontado anteriormente, especificamente no caso da prestação de serviços, o linguajar comum traz sentido muito amplo, tanto que, do próprio texto do dicionário, pode-se identificar ao menos vinte e seis diversos significados para a expressão.

Portanto, a interpretação de um conceito utilizado pela Constituição Federal deverá passar por um processo de integração; não se pode concluir por ele estar, desde logo, pressuposto e seu conceito deva ser buscado de acordo com aquele que assim o era no momento da edição do Texto Magno.

Há de se analisar a influência que este conceito sofre a partir da evolução social (utilizando-se como fonte, não apenas as leis infraconstitucionais), porém deve se encontrar um limite no qual o conceito não se desfaça em relação ao quanto idealizado originalmente pelo Constituinte.

Importante trazer à baila as palavras de Ricardo Lobo Torres[227], que bem sintetizam a conclusão que se busca expor:

> A interpretação da Constituição e da lei ordinária se aproximam, sob um primeiro ponto de vista, na medida em que a lei ordinária, sendo ela própria fruto do programa constitucional ou da atualização da Constituição, não pode ficar à margem de compreensão desta.
>
> Aproximam-se, por outro lado, porque via de regra não se interpretam as normas abstratas da Constituição, mas as normas das leis ordinárias em confronto com as Constitucionais. Em outras palavras, controla-se a constitucionalidade da lei ordinária, e não a da própria Constituição.

Nestes termos é que, melhor do que a linguagem comum[228], podemos asseverar que o que deve ser aferido com propriedade no processo herme-

---

sindicalistas, padres, pastores rurícolas etc. *Secundus* – utilizam para expressar o Direito legislado as palavras de uso comum do povo, cujo conteúdo é equívoco, ambíguo, polissêmico e, muita vez, carregam significados vulgares, sedimentados pelo uso e pela tradição".

[227] TORRES, Ricardo Lobo. *Normas de Interpretação e Integração do Direito Tributário*. 4ª ed. Rio de Janeiro: Renovar, 2006, pp. 176-177.

[228] A linguagem comum poderá induzir o intérprete em erro quando da definição de conceitos. Neste sentido, como será trabalhado detalhadamente, veja-se que o Ministro Ayres Britto, no julgamento do recurso extraordinário nº 547.245 deixou-se levar pela diferença nas obrigações de dar e de fazer de acordo com o senso comum, definindo serviço de uma forma imprópria, tanto que na sua definição até mesmo as operações mercantis ou financeiras seriam abrangidas pelo referido conceito.

nêutico dos conceitos constitucionais são as formas com que trabalhados os institutos por outras ciências, que muito podem a contribuir com sua formação, sem, no entanto, que seus contornos caiam no campo do discricionário absoluto.

Traduzindo com perfeição o quanto se alega, cite-se Paulo de Barros Carvalho[229], que assevera que "A linguagem do legislador é uma linguagem técnica, o que significa dizer que se assenta no discurso natural, mas aproveitando em quantidade considerável palavras e expressões de cunho determinado, pertinentes ao domínio das comunicações científicas".

Arremata dizendo que "Ponderações deste jaez nos permitem compreender o porquê dos erros, impropriedades, atecnias, deficiências e ambiguidades que os textos legais cursivamente apresentam".

Com base nesta necessidade de que os conceitos sejam alvo de sua natural evolução, mas com base em limitadores minimamente técnicos é que a doutrina e jurisprudência têm papel essencial, pois é a partir destas duas fontes que as evoluções são encampadas no plano interpretativo, a partir do que até então se havia como consagrado.

Nesse vetor é que se analisará as recentes decisões tomadas pelo Supremo Tribunal Federal, com a tentativa de configuração de um novo conceito de serviço o qual, entretanto, em nosso ver, esbarra nos limites constitucionais máximos previstos pelo Constituinte.

VII. 7. Avaliação crítica: consideração econômica e abuso de formas

Consoante o quanto anteriormente exposto, o intérprete da norma tributária deve estar imbuído de valores para que obtempere a aplicação dos princípios, no sentido de se obter a racionalidade da norma ou a intenção daquele que a elaborou, o que se aplica também à Constituição Federal, especialmente na definição das competências tributárias.

Neste sentido, o socorro do intérprete das normas tributárias aos conceitos de Direito Privado poderia ser considerado um abuso de forma jurídica quando tal estrutura fosse inadequada economicamente. Do mesmo modo, também haveria de se falar em abuso de forma com o julgamento de uma hipótese fática sem que se buscasse o substrato da hipótese tributária. Como maior exemplo da segunda hipótese estaria a tentativa do

---

[229] CARVALHO, Paulo de Barros. *Curso de Direito Tributário.* 20ª ed. São Paulo: Saraiva, 2004.

intérprete de ver materializada a incidência com base na analogia, vedada expressamente pelo artigo 108, § 1º, do Código Tributário Nacional[230].

Nesta esteira, como afirma Luis Eduardo Schoueri[231] "Excetuados os casos em que se conclua haver analogia – casos em que se cogitaria de abuso de formas jurídicas – no mais, a consideração econômica traz importantes subsídios para o intérprete/aplicador, ao desafiá-lo a buscar o conteúdo da norma jurídica e a subsunção dos fatos concretos". Complementa[232]:

> é falso o dilema daqueles que questionam a consideração econômica com base na segurança jurídica. Não é correto afirmar que existem duas normas, igualmente válidas: aquela fundada na consideração 'jurídica' e outra na 'econômica'. A consideração econômica é elemento relevante para a construção de um elemento jurídico: a norma. Esta é indivisível, resultado do trabalho do intérprete/aplicador. Se um raciocínio formal leva a uma norma e a consideração econômica a outro, dever-se-á investigar, a partir do critério teleológico, qual a norma, afinal, aplicável. Não há espaço para se cogitar duas normas igualmente aplicáveis ao caso.

No entanto, há de se partir da premissa de que na ordem jurídica brasileira as pessoas são livres para contratar e compor seus interesses, desde que seus atos não esbarrem naquilo que a norma sancione como proibido; portanto, caso não se busque, de forma dolosa, fraudar ou simular a ocorrência de um fato que pudesse se subsumir à hipótese de incidência de um tributo, não há nenhum tipo de proibição para que os atos jurídicos ocorram por um caminho que fiscalmente apresente-se como menos oneroso.

Neste sentido, Luciano Amaro[233] doutrina que seria absurdo concluir "que o contribuinte seria sempre obrigado a escolher o caminho de maior onerosidade fiscal. Há situações em que o próprio legislador estimula a

---

[230] BRASIL. Congresso Nacional. Código Tributário Nacional. "Art. 108. Na ausência de disposição expressa, a autoridade competente para aplicar a legislação tributária utilizará sucessivamente, na ordem indicada: I – a analogia; II – os princípios gerais de direito tributário; III – os princípios gerais de direito público; IV – a eqüidade. § 1º O emprego da analogia não poderá resultar na exigência de tributo não previsto em lei". (destaque acrescido ao original).

[231] SCHOUERI, Luís Eduardo. *Direito Tributário*. São Paulo: Saraiva, 2011, p. 633.

[232] Ibdem, Ibdem, p. 672.

[233] AMARO, Luciano. *Direito Tributário Brasileiro*. 2ª ed. São Paulo: Saraiva, 1998, p. 222.

utilização de certas condutas, desonerando-as", ao que não se poderia dizer estar incorrendo em ilicitude aquele que pretende utilizá-las.

Com efeito, não raras são as oportunidades em que as empresas se organizam para prestar serviços de forma a otimizar resultados[234], sem que isso possa se configurar qualquer conduta fora do Direito, ainda que um negócio, organizado de uma forma ou de outra, possa resultar numa carga tributária inferior[235].

Insiste-se: a Constituição Federal, reconhecendo a liberdade de iniciativa, o livre exercício das atividades econômicas e a liberdade de contratar (artigo 170), permite que o contribuinte escolha sempre pelo caminho que lhe for menos oneroso[236], desde que seja lícito[237], como afirma Alfredo Augusto Becker:

> (...) seria absurdo que o contribuinte, encontrando vários caminhos legais (portanto, lícitos) para chegar ao mesmo resultado, fosse escolher justamente aquele meio que determinasse pagamento de tributo mais elevado (...) No Estado de Direito, as Constituições têm consagrado a regra de que 'ninguém pode ser obrigado a fazer ou deixar de fazer alguma coisa senão em virtude de lei'. Por conseguinte, para que o contribuinte seja obrigado a adotar o caminho tributariamente mais oneroso é absolutamente necessário que exista regra jurídica que o obrigue a tal escolha.

---

[234] Como, por exemplo, nos contratos de custos compartilhados, em que as empresas do mesmo grupo cedem, umas às outras, estrutura para realização dos serviços de contabilidade, cobrança, recursos humanos, sem que isso possa configurar prestação de serviço uma pela outra.

[235] Como, por exemplo, uma locação com opção de compra ao final ser desqualificada pela autoridade fiscal como uma compra e venda simulada para que sobre ela pudesse incidir o ICMS.

[236] MALERBI, Diva. *Elisão Tributária*. São Paulo: RT, 1984, p. 27: "o ordenamento jurídico brasileiro não só permite a existência de uma esfera de liberdade na tributação (não-regulação), mas também a protege, para impor ao Estado a obrigação de não interferir nessa área reservada ao particular (além do limite: a lei). Assim, só a meditação sobre a área de ingerência estatal na tributação já serve para evidenciar o perfil jurídico assumido pelo direito subjetivo público denotativo da elisão tributária: um direito constitucional de liberdade a que corresponde um dever por parte do Estado a uma conduta omissiva na tributação".

[237] Cite-se as lições de DÓRIA, Sampaio. *Elisão e Evasão Fiscal*. São Paulo: Lael, 1971, p. 83, para quem "o moralismo oblíquo que, na alternativa, exige a escolha do processo mais oneroso, contraria ademais o princípio fundamental da 'liberdade de conduta ou opção' do indivíduo".

O CONCEITO DE SERVIÇO E A CONSTITUIÇÃO BRASILEIRA

Importante consignar, no entanto, que se de um lado ao contribuinte é facultada a possibilidade de escolher o caminho menos oneroso na estruturação da sua atividade, também não há como se permitir o abuso de formas (o qual, na definição de Luciano Amaro[238], seria a forma jurídica atípica, anormal ou desnecessária, para a realização de um negócio jurídico que, se fosse adotada a forma "normal", teria um tratamento tributário mais oneroso) para que determinado evento esteja a salvo da tributação. Para tanto, impõe-se o estudo da elisão fiscal em contraposição à evasão fiscal, assim como da simulação.

VII. 7. 1. Elisão e evasão fiscal
Como salientado no tópico inaugural deste capítulo, ao mesmo tempo em que ao contribuinte é facultada a escolha do modo menos oneroso de realizar sua atividade, há que se distinguir a elisão fiscal (meios de evitar a incidência de impostos) da evasão fiscal (meios de travestir eventos para que estes se ponham à salvo da incidência de impostos).

Conforme Antônio Roberto Sampaio Dória[239], o primeiro aspecto de diferenciação entre tais institutos reside na natureza dos meios para a sua consecução: "na fraude, atuam meios ilícitos (falsidade) e, na elisão, a licitude dos meios é condição *sine qua non* de sua realização efetiva".

Prossegue o doutrinador, apontando que um segundo aspecto de diferenciação entre a elisão e a evasão fiscal reside no momento da utilização dos meios para se atingir uma ou outra. Enquanto na fraude o contribuinte busca proceder a uma distorção da realidade econômica no instante ou depois que ela já se manifestou sob a forma prescrita na lei como desencadeadora do processo de incidência; já na elisão fiscal, a atuação do agente se concentra na realidade antes que ela se exteriorize, para que ela se aflore sem que se identifique com os pressupostos da matriz de incidência. Semelhante conclusão exara Sacha Navarro Calmon[240], que afirma:

> Tanto na evasão comissiva ilícita como na elisão fiscal existe uma ação do contribuinte, intencional, com o objetivo de não pagar ou pagar tributo a menor. As diferencia: (a) a natureza dos meios empregados. Na evasão ilícita

---

[238] AMARO, Luciano. *Direito Tributário Brasileiro*, 12ª ed. São Paulo, Saraiva, 2006, p. 231.

[239] DÓRIA, Antônio Roberto Sampaio. *Elisão e Evasão Fiscal*. São Paulo, Lael, 1971, p. 33.

[240] COELHO, Sacha Calmon Navarro. *Teoria da Evasão e da Elisão em Matéria Tributária. Planejamento Fiscal – Teoria e Prática*. São Paulo: Dialética, 1998, p. 174.

os meios são sempre ilícitos (haverá fraude ou simulação de fato, documento ou ato jurídico. Quando mais de um agente participar dar-se-á o conluio). Na elisão os meios são sempre lícitos porque não vedados pelo legislador; (b) também, o momento da utilização desses meios. Na evasão ilícita a distorção da realidade ocorre no momento em que ocorre o fato jurígeno-tributário, ou como aventa Sampaio Dória, antes que se exteriorize a hipótese de incidência tributária, pois, opcionalmente, o negócio revestirá a forma jurídica alternativa não descrita na lei como pressuposto de incidência ou pelo menos revestirá a forma menos onerosa".

Existem doutrinadores que não concordam com a utilização do termo "elisão", como é o caso de Heleno Taveira Torres[241], para quem "elisão não poderia ser usado para significar a postura lícita do contribuinte na economia de tributos" (...) posto que a conduta que se busca atingir com a elisão seria aquela de se esquivar com destreza, que do latim viria de "eludir". Assim "elusivo é aquele que tende a escapulir, a furtar-se (...) assim, cogitamos da elusão tributária como sendo fenômeno pelo qual o contribuinte usa de meios dolosos para evitar a subsunção do negócio praticado ao conceito normativo do fato típico e a respectiva imputação dos efeitos jurídicos", concepção esta que se traz ao presente trabalho apenas a título ilustrativo e para demonstrar que a própria denominação dos institutos é controvertida, mas que sobre ela não se estenderá tendo em vista ser doutrina discrepante da maioria cujas conclusões interessam para este trabalho, mesmo porque as conclusões do referido doutrinador aproximam-se da definição de simulação, que se passa a expor:.

VII. 7. 2. Simulação

Esclarecida acima a diferença que deverá ser feita pelo estudioso de um determinado evento para nele reconhecer um planejamento lícito (elisão fiscal) ou ilícito (evasão fiscal), cumpre analisar as formas como a conduta ilícita deverá se apresentar.

Neste sentido, é importante verificar que é o próprio artigo 116 do Código Tributário Nacional, inserido no ordenamento por meio da Lei Complementar nº 104, que disciplina que a "autoridade administrativa poderá desconsiderar atos ou negócios jurídicos praticados com a finali-

---

[241] TORRES, Heleno Taveira. Limites ao Planejamento Tributário – Normas Antilusivas. Parecer inédito.

dade de dissimular a ocorrência de fato gerador do tributo ou a natureza dos elementos constitutivos da obrigação tributária (...)"

Alguns doutrinadores foram bastante contundentes contra a inovação trazida pela disposição do artigo 116, como José Artur Lima Gonçalves[242], para quem se conferiu à autoridade administrativa poderes típicos das funções jurisdicionais. Seguindo a mesma linha, cite-se Aires F. Barreto[243].

Qualquer forma, independentemente do crivo de constitucionalidade que se possa lançar sobre o referido dispositivo legal[244], fato é que tal normativo veio a regular a simulação[245] – muito embora fale em "dissimular" dos negócios jurídicos com o fim de evitar a incidência de tributos – segundo a análise dos elementos constitutivos da obrigação tributária.

A simulação (definida por Luciano Amaro[246] como falta de correspondência entre o negócio que as partes realmente estão praticando e aquele que elas formalizam) coloca-se no campo da evasão fiscal e não da elisão fiscal, na medida em que se subterfugia no ilícito para estar a salvo da tri-

---

[242] GONÇALVES, José Artur de Lima. A Lei Complementar 104, de 2001, e o art. 116 do CTN. *Revista de Direito Tributário* nº 81, São Paulo: Malheiros, p. 231: "Impedir a produção de efeitos jurídicos – oponíveis ao Estado – corresponde a fazer de conta que o ato jurídico perfeito não existe (matéria que se situa no plano da existência). E pensamos que não é possível considerar sem efeito negócio jurídico que existe, e cuja validade ainda não foi objeto de manifestação jurisdicional. Caso contrário, não haveria proteção a ato jurídico perfeito; cujos efeitos passariam a estar à disposição da Administração, o que parece não estar conforme com o que determina a Constituição. Se o negócio está viciado (plano da validade), a sua anulabilidade pode ser judicialmente decretada, resultando na expulsão do negócio do ordenamento jurídico (plano da existência) e, subsequentemente, impedindo que produza seus efeitos próprios. Antes de tal decretação, todavia, o negócio está (plano da existência) no ordenamento jurídico, e produz seus efeitos próprios. Admitir a anulação de seus efeitos – por ato administrativo – implica equiparar a função administrativa à função jurisdicional, na medida em que os efeitos jurídicos decorrentes da desconsideração do negócio jurídico pelo ato administrativo já seriam, desde logo, equivalentes (no plano da validade/produção de efeitos) à eventual decretação judicial de nulidade do negócio jurídico (plano da existência).

[243] BARRETO, Aires F. *ISS na Constituição e na Lei*. 3ª ed. São Paulo: Dialética, 2009, p. 439.

[244] AMARO, Luciano. *Direito Tributário Brasileiro*. 7ª ed. São Paulo: Saraiva, 2001, p. 231.

[245] O Código Civil define a simulação no § 1º, do artigo 167, dispondo que "Haverá simulação nos negócios jurídicos quando: I – aparentarem conferir ou transmitir direitos a pessoas diversas daquelas às quais realmente se conferem, ou transmitem; II – contiverem declaração, confissão, condição ou cláusula não verdadeira; III – os instrumentos particulares forem antedatados, ou pós-datados".

[246] AMARO, Luciano. *Direito Tributário Brasileiro*, 12ª ed. São Paulo: Saraiva, 2006, p. 231.

butação que incidiria porque correspondentes o fato jurídico e a matriz de incidência. No mesmo sentido, cite-se Misabel Derzi[247].

Assim, uma vez comprovada a simulação, fica o Fisco autorizado a determinar os efeitos tributários do negócio efetivamente realizado; colacionando-se o exemplo trazido por Luciano Amaro na obra citada, se as partes simularam uma doação quando, na verdade, houve compra e venda, o Fisco tem o direito de, apurando que ocorreu *pagamento de preço*, de modo disfarçado, dar ao caso o tratamento tributário de compra e venda, e não o que corresponderia ao negócio simulado (doação).

VII. 7. 3. Importância do tema para o conceito de serviço e questões reflexas

Tratou-se da conceituação de elisão fiscal e evasão fiscal porque tais questões têm especial relevo em matéria de tributação de serviços, na medida em que negócios podem ser simulados para que se fuja da referida tributação.

No aspecto especial, tendo em vista que o imposto é de livre determinação pela legislação de cada um dos municípios, desde que efetivamente instalado nos seus limites territoriais, o contribuinte pode escolher um município de alíquota privilegiada para gozar de uma carga reduzida. Neste sentido, se o Município A oferecer para determinado tipo de serviço uma alíquota de 2%, enquanto para a mesma atividade o Município B exige o ISS à alíquota de 5%, nada impede que o contribuinte se instale no Município A para lá prestar serviços contribuindo à alíquota de 2% sobre o preço praticado sobre tais serviços. Neste caso, trata-se de elisão fiscal, na medida em que sua conduta tende a uma menor onerosidade, porém dentro dos padrões constitucionais e legais estabelecidos[248].

---

[247] DERZI, Misabel Abreu Machado. *A desconsideração dos Atos e Negócios Jurídicos Dissimulatórios Segundo a Lei Complementar nº 104*. São Paulo: Dialética, 2001, p. 214-215. "A simulação absoluta exprime ato jurídico inexistente, ilusório, fictício, ou que não corresponde à realidade, total ou parcialmente, mas a uma declaração de vontade falsa. É o caso de um contribuinte que abate despesas inexistentes, relativas a dívidas fictícias. Ela se diz relativa, se atrás do negócio simulado existe outro dissimulado (...) Para a doutrina tradicional, ocorrem dois negócios: um real, encoberto, dissimulado, destinado a valer entre as partes; e um outro, ostensivo, aparante, simulado, destinado a operar perante terceiros".

[248] Como lembra FERRAGUT, Maria Rita. *Presunções no Direito Tributário*. São Paulo: Dialética: 2001, p. 118: "A elisão fiscal consiste no ato, ou série de atos, praticados antes de a realização do

O CONCEITO DE SERVIÇO E A CONSTITUIÇÃO BRASILEIRA

Diverso seria, em nosso entender, que a empresa se instalasse no Município A, apurando e recolhendo o ISS à alíquota de 2%, mas desenvolvesse todas as suas atividades no Município B, inclusive naquele município mantendo o efetivo estabelecimento prestador de serviços. Trata-se, neste caso, de evasão fiscal, pois se tenta simular a prestação no Município A, quando de fato ela ocorreu no Município B.

A situação acima descrita revela problemática envolvendo elisão e evasão fiscal no campo do aspecto territorial do ISS; no entanto, no campo material, há questão que requer análise mais detalhada.

Trata-se das situações em que o contribuinte, valendo-se da doutrina e da jurisprudência dos Tribunais Superiores no sentido de que a lista de serviços é taxativa, altera o nome da sua atividade para que, desta forma, esta esteja a salvo da tributação.

A jurisprudência tem sido bastante contundente com essas hipóteses, ao que o entendimento quanto à taxatividade da lista de serviços teve de ser obtemperada pela conclusão de que a lista é taxativa na posição vertical, porém extensiva na posição horizontal[249], o que significa dizer que os

---

fato jurídico tributário, visando a economia fiscal mediante a utilização de alternativas menos onerosas, admitidas em lei. É o planejamento tributário lícito, e como exemplos poderíamos citar o da empresa que se estabelece em Município cuja alíquota do ISS é menor, e nesse território exerce efetivamente suas atividades. (...) A elisão é permitida pela legislação e a ela não se aplica o parágrafo único do artigo 116. Se assim o fosse, essa norma estaria incorrendo em flagrante inconstitucionalidade, pois desrespeitaria os princípios constitucionais da segurança jurídica, certeza do direito e legalidade".

[249] BRASIL. Superior Tribunal de Justiça. "TRIBUTÁRIO – SERVIÇOS BANCÁRIOS – ISS – LISTA DE SERVIÇOS – TAXATIVIDADE – INTERPRETAÇÃO EXTENSIVA. 1. A jurisprudência desta Corte firmou entendimento de que é taxativa a Lista de Serviços anexa ao Decreto-lei 406/68, para efeito de incidência de ISS, admitindo-se, aos já existentes apresentados com outra nomenclatura, o emprego da interpretação extensiva para serviços congêneres. 2. Recurso especial não provido. Acórdão sujeito ao regime do art. 543-C do CPC e da Resolução STJ 08/08". (REsp 1111234/PR, Rel. Ministra ELIANA CALMON, PRIMEIRA SEÇÃO, julgado em 23/09/2009, DJe 08/10/2009). Também, do mesmo Tribunal: "PROCESSUAL CIVIL E TRIBUTÁRIO. AGRAVO REGIMENTAL NOS EMBARGOS DE DECLARAÇÃO NO AGRAVO EM RECURSO ESPECIAL. ISS. SERVIÇOS BANCÁRIOS. INTERPRETAÇÃO EXTENSIVA. MATÉRIA JÁ PACIFICADA PELA PRIMEIRA SEÇÃO. RESP 1.111.234/PR. ART. 543-C DO CPC. ATIVIDADES ENGLOBADAS NA RUBRICAS TRIBUTADAS. FALTA DE PREQUESTIONAMENTO. DECADÊNCIA DO LANÇAMENTO. VERIFICAÇÃO ACERCA DA EXISTÊNCIA PAGAMENTO PARCIAL. IMPOSSIBILIDADE.

municípios não podem incluir novos tipos de serviços como passíveis de serem tributados, mas devem alcançar aqueles cuja natureza seja próxima daquela prevista pela lista de serviços.

Recorrendo-se à analogia – muito embora se saiba que esta empobreça o conteúdo conceitual da discussão – a jurisprudência houve por bem acolher o argumento de que o serviço de "digitação" seja tributado porque congênere ou evolutivo em relação ao serviço de "datilografia", mas não permite a tributação do serviço de administradora de cartões de crédito como se estas fossem administradoras de bens de terceiros[250] (recordando

---

1. A Primeira Seção do STJ, em sede de recurso especial repetitivo (REsp 1.111.234/PR), sedimentou o entendimento de que a lista de serviços anexa ao Decreto-Lei 406/68, para fins de incidência do ISS sobre serviços bancários, é taxativa, admitindo-se, contudo, uma leitura extensiva de cada item, com o fim de enquadrar serviços congêneres aos expressamente previstos.
2. No caso concreto, o acórdão recorrido não especificou as atividades que englobam as rubrica tributada "rendas de outros serviços", mas, apenas consignou que "são serviços prestados pela instituição financeira e previstos na LC 56/87, ainda que sob uma interpretação extensiva". A verificação se as receitas registradas em tal rubrica decorrem de serviços bancários tributáveis, na espécie, pressupõe o reexame de fatos e provas, o que é vedado pela via do recurso especial (...)" (AgRg nos EDcl no AREsp 102.327/SP, Rel. Ministro BENEDITO GONÇALVES, PRIMEIRA TURMA, julgado em 11/12/2012, DJe 17/12/2012)
[250] BRASIL. Superior Tribunal de Justiça. "PROCESSUAL CIVIL. TRIBUTÁRIO. RECURSO ESPECIAL. ISSQN. ADMINISTRAÇÃO DE CARTÃO DE CRÉDITO. COMPETÊNCIA PARA A COBRANÇA. LOCAL DA OCORRÊNCIA DO FATO GERADOR. PRESTAÇÃO DO SERVIÇO. MATÉRIA DECIDIDA NO RESP 1.117.121/SP, SOB O REGIME DO ART. 543-C, DO CPC. NÃO INCIDÊNCIA SOBRE A ADMINISTRAÇÃO DE CARTÃO DE CRÉDITOS. INTERPRETAÇÃO EXTENSIVA QUE NÃO SE VERIFICA. VIOLAÇÃO DO ART. 535 DO CPC. NÃO OCORRÊNCIA.
1. Caso em que o Tribunal a quo entendeu que a competência para a cobrança do ISSQN é do local da prestação dos serviços e que mesmo sem previsão expressa da incidência de tal imposto sobre administração de cartão de crédito, no período compreendido entre julho de 1992 e janeiro de 1996, o serviço devia ser tributado com base na interpretação extensiva ao item 43 da Lista de Serviços do Decreto-Lei 406/68, que dispunha sobre incidência de ISSQN sobre "administração de bens e negócios de terceiros e de consórcios". 2. A violação do art. 535 do CPC não se configura quando o Tribunal de origem, embora sucintamente, pronuncia-se de forma clara e motivada sobre a questão posta nos autos. 3. Esta Corte Superior de Justiça pacificou o entendimento de que o Município competente para realizar a cobrança do ISSQN é o do local da prestação dos serviços em que se deu a ocorrência do fato gerador do imposto. (REsp 1.117.121/SP, Primeira Seção, Min. Eliana Calmon, DJe de 29/10/2009, julgado sob o regime do art. 543-C do CPC). 4. A jurisprudência desta Corte, por ocasião

que na lista de serviços anterior não havia um item específico para administradoras de cartões de crédito).

Foi também com o intuito de prevenir este tipo de dificuldade interpretativa dos itens da lista de serviços que o próprio § 4º, do artigo 1º, da Lei Complementar nº 116/03 previu que o que se deve analisar é a natureza do serviço, e não sua nomenclatura, ao que Aires F. Barreto[251] afirma que "Convém ressaltar, por oportuno, a extrema utilidade do § 4º, do art. 1º, da Lei Complementar 116/03 que ao estabelecer que a incidência do imposto não depende da denominação dada ao serviço prestado, evita a glorificação da tese que consagra a taxatividade da lista de serviços".

Arremata o doutrinador que "A taxatividade da lista não pode ser levada ao extremo. Deveras, a mera alteração gramatical na nomenclatura de serviços constantes da lista, não significa por ao largo da tributação serviços correlatos àqueles previstos expressamente, porquanto as leis municipais não são vinculadas por essa lista, não estando o legislador limitado aos serviços arrolados na Lei Complementar".

---

do julgamento do REsp 1.111.234/PR, da relatoria da Min. Eliana Calmon, julgado pela sistemática do art. 543-C do CPC, firmou entendimento de que é taxativa a Lista de Serviços anexa ao DL n. 406/68, para efeito de incidência de ISSQN, admitindo-se, aos já existentes apresentados com outra nomenclatura, o emprego da interpretação extensiva para serviços congêneres. Nesse contexto, o deslinde da presente controvérsia reside em saber, mediante interpretação do citado item da lista anexa, se a administração de serviços de cartão de crédito possui identidade com "administração de bens e negócios de terceiros e de consórcios", a fim de fazer incidir ISSQN. 5. A doutrina especializada entende que a expressão "administração de cartão de crédito" designa a atividade que tem por cerne assegurar ou garantir crédito, dentro de limites previamente definidos, às pessoas que se associam às empresas do gênero, para aquisição de mercadorias ou serviços, mediante a simples apresentação de um cartão próprio, aos fornecedores desses bens, que a ela sejam filiados (RONCAGLIA, Marcelo Marques. Tributação no Sistema de Cartões de Crédito. São Paulo: Quartier Latin, 2004, p. 132). 6. Com efeito, consistindo a atividade desempenhada pela administradora de cartão de crédito em assumir perante o comerciante ou prestador de serviço o compromisso de honrar o pagamento dos produtos ou serviços adquiridos por seu cliente, bem como em garantir crédito aos seus associados, mediante remuneração, não há que se falar em interpretação extensiva para enquadrá-la no conceito de administração de bens ou negócios de terceiros, afastando-se, assim, a incidência do ISSQN. Precedente: REsp 439.432/RJ, Rel. Ministro João Otávio de Noronha, Segunda Turma, DJ 18/8/2006. 7. Recurso especial provido. (REsp 1170222/RJ, Rel. Ministro BENEDITO GONÇALVES, PRIMEIRA TURMA, julgado em 15/03/2011, DJe 24/03/2011)

[251] BARRETO, Aires F. *ISS na Constituição e na Lei*. 3ª ed. São Paulo: Dialética, 2009, p. 119.

SERVIÇO ENQUANTO CONCEITO PRESSUPOSTO PELO TEXTO CONSTITUCIONAL

Tais casos cuidariam especificamente de evasão fiscal, na medida em que, ocorrido o fato tributável, altera-se sua denominação para que, simulando-se a ocorrência de um fato não subsumível à hipótese de incidência do imposto, este se ponha a salvo da tributação.

Independentemente de se tratar de uma norma de elisão, evasão ou simulação, fato é que o contribuinte precisa ter determinada resposta relativa à segurança jurídica que espera do ordenamento, para que possa estruturar sua atividade. É o que Heleno Taveira Torres[252] denomina de "teste de segurança jurídica", decorrente de uma estabilidade sistêmica, que deve ser buscada "na aplicação dos critérios funcionais de coerência, estabilidade de relações ou de calibração do sistema jurídico" e que se "opera precipuamente por critérios objetivos (...) a confiança legítima corrobora o princípio de segurança jurídica como garantia do sistema jurídico no seu modelo mais expressivo".

Isso porque caso tal segurança jurídica não se amolde à expectativa do direito, pouco importa a vontade do agente, não há como se diferenciar a conduta evasiva da conduta elisiva, sendo que uma pode se transformar na outra de acordo com a decisão judicial do caso concreto, o que é de todo rechaçado por um sistema que se pretende uniforme.

Estas situações colocam à discussão mais um dos limitadores sobre o conceito constitucional de serviço: qual é o limite de liberdade que o contribuinte tem para dar os contornos jurídicos à sua atividade que a possam colocar a salvo da tributação?

VII. 7. 3. 1. Conclusão parcial

Como se viu no tópico precedente, o contribuinte tem ampla possibilidade de organizar sua atividade de modo a desenvolvê-la do modo menos oneroso. No entanto, essa liberdade não permite que se altere a natureza das operações para que elas tenham outra roupagem e se coloque ao largo dos tributos normalmente incidentes, pois devem ser analisadas em seu núcleo.

Ocorre que, existem operações que, mesmo vistas em seu núcleo, jamais poderão se amoldar a um determinado conceito, como é o caso das operações de arrendamento mercantil, que muito mais se assemelham

---

[252] TORRES, Heleno Taveira. *Direito Constitucional Tributário e Segurança Jurídica*. 2ª ed. São Paulo: RT, 2012, p. 225

à locação do que a uma prestação de serviços ou de uma circulação de mercadoria; no entanto, nestes momentos, doutrina e jurisprudência se insurgem acerca do fato de que operações praticadas por empresas que exercem determinada atividade, supostamente muito rentável e que é posta em mercado de forma muito semelhante a outras, não esteja sujeita à carga tributária prevista para os serviços ou circulação de mercadorias.

Nestas situações, busca-se alargar sobremaneira os conceitos assumidos pela Carta Magna, extrapolando-os, para que nele se possam inserir tais atividades, o que dá alvo à desconfiguração de todo um sistema já previamente sedimentado, sendo que a interferência em um dos critérios da hipótese de incidência pode impossibilitar a verificação dos demais e, consequentemente, impedir a configuração do consequente da norma.

Capítulo VIII
Impacto dos Princípios na Conformação do Conceito de Prestação de Serviços e as Decisões do Supremo Tribunal Federal

Conforme se demonstrou no capítulo anterior, a inexistência de um conceito positivado, ao menos para fins tributários, do que seria prestação de serviços[253], conduziu a doutrina e jurisprudência na sua conformação, tanto que, ao menos mais recentemente, pouca divergência existiu sobre tal conceito.

Tanto que, depois de julgar o recurso extraordinário nº 116.121-3/SP, o Supremo Tribunal Federal fez editar a súmula vinculante nº 31, pela qual "É inconstitucional a incidência do Imposto sobre Serviços de Qualquer Natureza – ISS sobre operações de locação de bens móveis", entendimento este que vinculou não apenas o Poder Judiciário, mas os órgãos da Administração Pública, para que sobre a locação não mais houvesse a exigência do imposto.

É evidente que a edição da súmula vinculante não teve o condão de alinhar um definitivo conteúdo na prestação de serviços, tanto que, em atividades em tudo semelhantes à locação (como, por exemplo, na cessão do direito de uso), os municípios continuam a exigir o tributo, mesmo

---

[253] Cf. SOARES DE MELLO, José Eduardo. *Aspectos Teóricos e Práticos do ISS*, São Paulo: Dialética, 2.000, p. 30.

sem haver qualquer atividade que possa se confundir com um fazer nestas atividades.

VIII. 1. Conceitos como ponto de equilíbrio do sistema

Ocorre que, no exato sentido do quanto sempre se sustentou neste estudo, a definição de um conceito impõe um novo ponto de equilíbrio de todo o sistema, inclusive em relação aos demais aspectos da hipótese de incidência.

Nesta extensão, como se observa do voto do Ministro Octavio Gallotti, já na oportunidade do julgamento do recurso extraordinário nº 116.121-3/ /SP, o Supremo Tribunal Federal havia observado que a construção do conceito tem impactos muito profundos em todo o alinhamento do ordenamento jurídico. O Ministro observou naquela oportunidade que muito embora fosse difícil compreender que a locação estaria abarcada pelo conceito de serviço, recordou que a redação original do artigo 71, § 1º, do Código Tributário Nacional incluía a locação de bens imóveis como serviços, sendo que certo que este tributo veio a suceder o Imposto sobre Indústrias e Profissões, o qual compreendia a locação.

Conforme aponta Luis Eduardo Schoueri[254] "interessante ver como o julgador livrou-se das amarras do Direito Privado, tendo em vista que o constituinte não havia usado a locução 'prestação de serviços', mas meramente 'serviços', acrescida esta última expressão pelo complemento 'de qualquer natureza'".

Muito embora a observação formulada pelo Min. Gallotti, este foi vencido, ao que o Supremo Tribunal Federal, alterando o entendimento até então por aquela Corte seguido concluiu que "serviço" – na acepção jurídica utilizada pelo constituinte para delinear o âmbito de incidência do Imposto sobre Serviços – expressa necessariamente uma prestação[255],

---

[254] SCHOUERI, Luis Eduardo. *Direito Tributário*, São Paulo: Saraiva, 2011, p. 651.

[255] Dado que o direito não incide sobre coisas, mas sobre comportamento humano. Neste sentido, inclusive, confira-se Aires. F. Barreto, in *ISS na Constituição e na Lei*. 3ª ed. São Paulo: Dialética, 2009, p. 301: "A essência do aspecto material da hipótese de incidência do ISS não está no termo 'serviço' isoladamente considerado, mas na atividade humana que dele decorre, vale dizer, em prestar serviço. Essa síntese abriga um verbo e respectivo complemento, permitindo isolar o critério material dos demais".

IMPACTO DOS PRINCÍPIOS NA CONFORMAÇÃO DO CONCEITO DE PRESTAÇÃO DE SERVIÇOS

uma obrigação de fazer[256], assumida sob o regime de direito privado, uma prestação de esforço humano a terceiros, com conteúdo econômico, em caráter negocial, tendente à obtenção de uma utilidade material ou imaterial[257].

Ocorre que, ao encampar o conceito de serviço previsto na doutrina, o Supremo Tribunal Federal acabou por confirmar que as atividades em que se prevaleça um "dar" estariam a salvo da tributação pelo ISS, ao que os contribuintes iniciaram uma investida jurídica para ver reconhecida a impossibilidade de exigência do ISS sobre atividades em tudo semelhantes à locação.

VIII. 2. Discussão concreta quanto ao núcleo da prestação de serviço

Foi este o caso do arrendamento mercantil em que se sustentou por seus contornos típicos da locação, em que a arrendante é obrigada a deixar o bem à disposição do arrendatário, enquanto vigente o contrato e o pagamento das parcelas, detendo, ao final, opção de compra do bem[258]. Havendo qualquer obrigação de fazer nesta figura jurídica, seria ela inerente aos atos preparatórios da operação (análise de crédito), ao que a tributação não poderia ser desencadeada e também existiria uma prestação negativa, de "não fazer", ou seja, tolerar a posse mansa e pacífica do bem.

Ocorre que o caso chegou à apreciação do Supremo Tribunal Federal e, além dos argumentos jurídicos, os municípios levaram à Suprema Corte

---

[256] Cf. JUSTEN FILHO, Marçal. *O Imposto sobre Serviços na Constituição*, São Paulo, RT, 1.980, p. 77: "As obrigações de dar não podem dar ensejo à exigência de ISS: Restam, então, as obrigações de prestação positiva. E dentro delas, as obrigações de fazer, pois elas podem produzir uma prestação de esforço pessoal, caracterizadora de serviço tributável por via do ISS. As obrigações de dar não conduzem a um serviço prestado. A prestação do esforço caracterizadora do serviço é qualificável juridicamente como execução de uma obrigação de fazer". No mesmo sentido, BARRETO, Aires Fernandinho, in *ISS – não incidência sobre cessão de espaço em bem móvel incerto*, Revista de Direito Tributário nº 76, São Paulo, Malheiros, 1.999, p. 49: "Obrigação de dar jamais pode conduzir à exigência de ISS, porquanto serviço se presta, mediante um *facere*. Em outras palavras, serviço se faz, não se dá".

[257] Cf. ATALIBA, Geraldo e BARRETO, Aires Fernandinho *in* RT 169/10; STF RE 116.121, Min. Relator Marco Aurélio Mello, DJ. 25.05.01; STJ Resp nº 222.246/MG, Min. Relato José Delgado, DJ. 04/09/2000. STJ, Resp nº 222246/MG, DJU 04/09/2000.

[258] Esta figura jurídica já havia sido alvo de pretendida tributação pelos Estados em relação ao ICMS, por equiparar esta figura à compra e venda; no entanto, o Supremo Tribunal Federal afastou tal caracterização.

o argumento de que seria incompatível se permitir que uma atividade tão lucrativa para as instituições financeiras fosse deixada à margem da tributação dos municípios, quando sobre elas já havia sido afastado o ICMS. Sustentou-se que o arrendamento mercantil seria uma atividade posta em mercado e que, por gerar riquezas, deveria estar sujeita à tributação semelhante a outras atividades próximas, como era então encampado pela doutrina[259], argumento que seguramente sensibilizou muitos Ministros, como se verá adiante em relação aos votos proferidos.

VIII. 3. Pontos sensíveis na declaração de inconstitucionalidade da norma

Ocorre que a declaração de constitucionalidade ou inconstitucionalidade de uma determinada exigência tributária é matéria deveras delicada, pelos efeitos que deixa no sistema, na medida em que os conceitos por ela tratados é que darão e garantirão a previsibilidade do sistema, como afirma o doutrinador português Castanheira Neves[260]. Referido autor assevera que o Direito tem em si uma necessidade de ordem e previsibilidade inerente, e que assim deve ser coerente e estável, permeável a um dinamismo controlado, para que os seus fatores intencionais e forças atuantes representem "um cosmos, não como um caos...", distinguindo-se o Direito das outras ordens sociais por sua intencionalidade e coercibilidade.

Aponta-se, inclusive, que é por conta desta previsibilidade que se criam mecanismos para que as decisões das Cortes Constitucionais sejam uniformizadas em situações absolutamente idênticas, como o rito da repercussão geral, ao que o sistema passará a reproduzir aquele entendimento.

Na seara tributária, o impacto da declaração de inconstitucionalidade de uma determinada regra requer ainda mais cuidado, não apenas por seu efeito multiplicador de decisões, mas porque interfere diretamente no custo da atividade produtiva, desequilibrando situações de equilíbrio concorrencial, ainda que artificiais.

---

[259] Citem-se as lições de BARRETO, Aires F. *ISS na Constituição e na Lei*. 3ª ed. São Paulo: Dialética, 2009, p. 13, para quem "Repugna à Constituição que fatos (conceitos de) nitidamente diferentes, especialmente do ponto de vista valorativo, possam ser medidos de idêntica maneira".

[260] Cf. CASTANHEIRA NEVES, Antonio. *Curso de Introdução ao Estudo do Direito*. Coimbra: Policopiadas, 1976, p. 43.

Apontam-se as conclusões de Tércio Sampaio Ferraz Junior[261], que assevera "uma alegação da inconstitucionalidade da lei com base numa declaração incidental, por sua repercussão direta na concorrência, exige um cuidado especial, qual seja, a demonstração de que a impugnação da norma em determinadas condições não vise, ostensivamente, a afetar a capacidade competitiva dos agentes de mercado, desequilibrando a concorrência".

VIII. 4. Conclusão do Supremo Tribunal Federal sobre a impossibilidade de manutenção do conceito de prestação de serviço

Por esta razão é que, depois de ter concebido um conceito de serviço orbitando sobre a obrigação de fazer inerente ao contrato – entendimento este reafirmado em enunciado sumular – deu início o Supremo Tribunal Federal à necessidade de criação de um novo conceito, ao que se verificou que o antigo conceito não mais detinha a completude ou coerência que dele poderia ser esperada, para que, então, esse conceito pudesse abarcar as operações de arrendamento mercantil.

Reproduz-se a ementa do quanto decidido no julgamento do recurso extraordinário 547.245, de relatoria do Ministro Eros Roberto Grau (DJ 04.03.2010):

> RECURSO EXTRAORDINÁRIO. DIREITO TRIBUTÁRIO. ISS. ARRENDAMENTO MERCANTIL. OPERAÇÃO DE LEASING FINANCEIRO. ARTIGO 156, III, DA CONSTITUIÇÃO DO BRASIL. O arrendamento mercantil compreende três modalidades, [i] o leasing operacional, [ii] o leasing financeiro e [iii] o chamado lease-back. No primeiro caso há locação, nos outros dois, serviço. A lei complementar não define o que é serviço, apenas o declara, para os fins do inciso III do artigo 156 da Constituição. Não o inventa, simplesmente descobre o que é serviço para os efeitos do inciso III do artigo 156 da Constituição. No arrendamento mercantil (leasing financeiro), contrato autônomo que não é misto, o núcleo é o financiamento, não uma prestação de dar. E financiamento é serviço, sobre o qual o ISS pode incidir, resultando irrelevante a existência de uma compra nas hipóteses do leasing financeiro e do lease-back. Recurso extraordinário a que se dá provimento".

---

[261] FERRAZ JÚNIOR, Tercio Sampaio. *Práticas Tributárias e Abuso de Poder Econômico*, in Revista de Direito da Concorrência, nº 9, Brasília, jan./mar. 2.006, pp. 125-138.

O CONCEITO DE SERVIÇO E A CONSTITUIÇÃO BRASILEIRA

Uma leitura apressada da ementa poderia colocar em xeque a premissa adotada neste trabalho, na medida em que se concluiu que a figura do arrendamento mercantil não encerraria uma obrigação de dar, mas sim de fazer, razão pela qual estaria incluída no conceito de serviço firmado pela doutrina e jurisprudência até aquele momento.

No entanto, as passagens do voto do relator demonstram que a premissa adotada naquele julgamento não foi a de que a atividade continha uma obrigação de fazer, como se verifica da própria descrição do contrato apresentada pelo Ministro:

> (...) a arrendadora adquire bens de um fabricante ou fornecedor e entrega seu uso e gozo ao arrendatário, mediante pagamento de uma contraprestação periódica, ao final da locação abrindo-se a este a possibilidade de devolver o bem à arrendadora, renovar a locação ou adquiri-lo pelo preço residual combinado no contrato. No leasing financeiro prepondera o caráter de financiamento e nele a arrendadora, que desempenha a função de locadora, surge como intermediária entre o fornecedor e o arrendatário.

A suposta obrigação de fazer surge no voto do Ministro relator em passagem de difícil compreensão pelo pouco cuidado no seu aspecto técnico:

> Em síntese, há serviços, para os efeitos do inciso III do artigo 156 da Constituição, que, por serem de qualquer natureza, não consubstanciam típicas obrigações de fazer. Raciocínio adverso a este conduziria à afirmação de que haveria serviço apenas nas prestações de fazer, nos termos do que define o direito privado. Note-se, contudo, que a afirmação como tal faz tabula rasa da expressão "de qualquer natureza", afirmada do texto da Constituição.

Muito embora o raciocínio isoladamente considerado pouco revele sobre a identificação da necessidade de um novo e coerente conceito de prestação de serviços, é importante para introduzir as conclusões atingidas pelos outros Ministros que, de forma mais explícita, revelaram a necessidade de que fossem sopesados os princípios anteriormente discorridos na "adaptação" do conceito de serviço até então uniformizado pela doutrina e jurisprudência. Tem-se que o Ministro Joaquim Barbosa apõe em seu voto:

Não há um conceito absoluto, imutável, intuitivo através dos tempos para serviços, ditado pela ordem natural e que possa ser a priori violado por conceitos criados pela função especulativa a que aludiu Irving Copi. Nesse sentido, observo que a rápida evolução social tem levado à obsolescência de certos conceitos jurídicos arraigados, que não podem permanecer impermeáveis a novas avaliações (ainda que para confirmá-los. Ideias como a divisão das obrigações em 'dar' e 'fazer' desafiam a caracterização de operações nas quais a distinção dos meios de formatação do negócio jurídico cede espaço às funções econômica e social das operações e à postura dos sujeitos envolvidos. (...) Cabe aqui ponderar a influência do princípio da neutralidade da tributação.

Seu voto prossegue afirmando a impossibilidade de que conceitos se perpetuem indefinidamente no tempo e que o Texto Constitucional permaneça rígido, atemporal e que, portanto, não possa refletir as mudanças sociais verificadas:

Não impressiona a argumentação no sentido de que haveria um conceito inequívoco para a expressão serviços de qualquer natureza, utilizada pelo Constituinte originário para definir a competência para instituição do ISS (art. 156, III da Constituição). Ainda nos termos do que sustentado, este conceito seria oriundo do direito civil e temperado pelo uso e aceitação constantes no passar do tempo. Por questões de segurança jurídica e de isonomia, a identidade do conceito de serviços de qualquer natureza, tal como arraigada na experiência jurídica pátria, deveria ser mantida. Em que pese a argumentação, dela não compartilho (...) ainda que se socorra de outros influxos de comunicação jurídica, como a dogmática e a jurisprudência, não é possível identificar conceito incontroverso, imutável ou invencível para serviços de qualquer natureza (...) ainda que a legislação ordinária contivesse um conceito universal e inequívoco para prestação de serviços de qualquer natureza, o alcance do texto constitucional não é condicionado de forma imutável por ele.

O voto do Ministro Joaquim Barbosa ainda retoma o princípio da neutralidade da tributação e sua influência sobre a conceituação dos institutos jurídicos afirmando que "sempre que possível, a tributação não deve afetar a alocação econômica de recursos, ou seja, operações idênticas ou muito semelhantes com bens e serviços deveriam gerar cargas tributárias muito próximas, independentemente da formatação do negócio jurídico", ignorando que referido princípio não deve apenas representar uma igualdade de tratamento, mas que a tributação não deve ser o único condutor de vontade do agente.

Aliás, a neutralidade é talvez o mais importante princípio que o Ministro Lewandowski considera na sua decisão, ao afirmar que "Observo que os operadores de leasing estão no melhor mundo possível porque eles não pagam ISS, não pagam ICMS, não pagam IOF. Qual seria o tributo, então, que incidiria sobre essa operação?".

Para o Ministro Lewandowski, mais do que o aspecto técnico, permitir que as empresas que realizem esse tipo de atividade sem a submissão ao ICMS ou ao ISS traria um desequilíbrio de mercado, motivo pelo qual se permitiria este alargamento no conceito de prestação de serviços.

Os princípios da neutralidade, igualdade e praticabilidade também conduzem o entendimento do Ministro Dias Toffoli no julgamento, tanto que este afirma que "tendo em vista que não há nenhum impedimento, por outro ato normativo do Conselho Monetário Nacional a essa tributação no tocante às operações financeiras, acompanho os votos já proferidos no Plenário".

Vê-se, portanto, que até mais importante que a própria conclusão do acórdão são as razões nele consignadas e a necessidade sinalizada de consubstanciação de um novo conceito de prestação de serviços.

Sinalizaram os Ministros naquele julgamento que o conclamado conceito de prestação de serviços até então formado na doutrina e na própria jurisprudência estaria ultrapassado, porque calcado na não mais aplicável diferenciação de obrigações de dar e fazer[262].

O voto do Ministro Carlos Ayres Britto inclusive chega a reconhecer a necessidade de que os conceitos se amoldem a linguagem coloquial e não apenas ao seu sentido no Direito, afirmando que "Aliás, na linguem coloquial, nunca se diz dar um empréstimo, mas sim fazer um empréstimo", revelando que os conceitos devem refletir as evoluções sociais.

A conclusão do Ministro Ayres Brito é ainda, não apenas no sentido de que os conceitos devem refletir a sua utilização vulgar, mas também que

---

[262] Diferença esta que, como já tratado no tópico próprio, JUSTEN FILHO, Marçal. *O Imposto sobre Serviços na Constituição*. São Paulo: RT, 1985, p. 90, bem definiu como "Restam, então, as obrigações de prestação positiva. E dentro delas, as obrigações de fazer, pois elas é que podem produzir uma prestação de esforço pessoal, caracterizadora de serviço tributável por via do ISS. As obrigações de dar não conduzem a um serviço prestado. A prestação do esforço caracterizadora do serviço é qualificável juridicamente como execução de uma obrigação de fazer".

estes não devem se identificar com um simples fazer, como se observa da parte conclusiva do seu voto:

> Quer dizer, é serviço, portanto, sem nenhuma dúvida. Aliás, o próprio nome Imposto sobre Serviço de Qualquer Natureza já revela o propósito mais abrangente possível da Constituição nas obrigações de fazer – serviços de qualquer natureza – e não há dúvida de que a obtenção de financiamento para a compra de um bem, por exemplo, um automóvel, implica disponibilizar um crédito, que é fazer um crédito, portanto, a obrigação de fazer.

Já o voto do Ministro Cezar Peluso houve por bem, na linha do voto proferido pelo Ministro Joaquim Barbosa, entender que a definição de prestação de serviço como obrigação de fazer não mais seria suficiente para acolher a complexidade do mundo atual, ao que um novo conceito seria necessário. Afirma o Ministro que:

> Observando apenas que as dificuldades teóricas opostas pelas teses contrárias a todos os votos já proferidos vêm, a meu ver, de um erro que eu não diria apenas histórico, mas um erro de perspectiva, qual seja, o de tentar interpretar não apenas a complexidade da economia do mundo atual, mas sobretudo os instrumentos, institutos e figuras jurídicas com que o ordenamento regula tais atividades complexas com a aplicação de concepções adequadas a certe simplicidade do mundo do império romano, em que certo número de contratos típicos apresentavam obrigações explicáveis com base na distinção escolástica entre obrigações de dar, fazer e não fazer. O mundo moderno é extremamente mais complexo para poder sex explicado à luz da economia do mundo romano ou à luz dos institutos que ali os regiam. O contrato é complexo, envolve uma série de atos que pode, de algum modo, ser reduzida à produção individualizada de uma só atividade. E isso, evidentemente, só pode corresponder, hoje, ao sentido de prestação de serviços, e não ao de doação ou de outra coisa similar, razões pelas quais eu acompanho inteiramente o Relator.

Isso porque, no entender daqueles Ministros, o fazer já não mais impõe um esforço humano no seu sentido anteriormente admitido pela doutrina. No entanto, como se buscou sustentar durante todo este estudo, o afastamento de um conceito pressupõe a implementação de outro conceito em seu lugar, em respeito ao princípio da segurança jurídica, para que os cidadãos possam conhecer a previsibilidade do sistema.

VIII. 5. Necessidade de criação de um novo conceito, infirmado o conceito anterior

Ocorre que, se ao mesmo tempo a aludida decisão infirma o consagrado conceito de prestação de serviços definido pela doutrina sobre o assunto, não aponta pela criação de qualquer outro conceito, utilizando os princípios constitucionais como se prerrogativas fossem para que fosse proferida decisão caso a caso.

A conclusão é deveras perigosa em um sistema tributário de competências tão rigidamente repartidas como é o nosso, seja porque retira do sistema a sua necessidade de previsibilidade.

No entanto, muito embora a previsibilidade das decisões seja nerval no nosso ordenamento, a ausência de proposição de um novo conceito, que absorva o alargamento proposto impingido pelo julgamento, tem outro efeito nefasto: concluindo-se que a prestação do serviço não deve se apegar ao "fazer", desmonta-se o núcleo da hipótese de incidência e, com ele, o aspecto territorial da cobrança.

VIII 6. Fazer como núcleo do conceito e o critério territorial da hipótese de incidência

Isso porque, como doutrina Aires F. Barreto[263], uma vez que o núcleo da prestação de serviços está no fazer, "o fato prestar serviços só irradiará efeitos jurídicos se a prestação ocorrer dentro do perímetro delimitador do território do Município respectivo (ou do Distrito Federal)".

Veja-se também que é a própria Lei Complementar nº 116/03 que atrai a competência para tributar os serviços no local onde ocorre a prestação, ou seja, o "fazer" a ela inerente, como se constata da dicção do artigo 3º, pelo qual "O serviço considera-se prestado e o imposto devido no local do estabelecimento prestador ou, na falta do estabelecimento, no local do domicílio do prestador".

Importante notar que até mesmo nas exceções contidas no referido artigo, o ISS apenas é devido de maneira diversa ao "estabelecimento prestador" nas hipóteses em que a lei cria uma ficção legal de que o fazer, necessariamente, teria ocorrido em outro local (como, por exemplo, no caso da construção civil ou do armazenamento de produtos).

---

[263] BARRETO, Aires F. *ISS na Constituição e na Lei*. 3ª ed. São Paulo: Dialética, 2009, p. 316.

Contundentemente, conclui Aires F. Barreto[264] que "efetivamente, se o aspecto espacial da hipótese de incidência é implicitamente extraível do Texto Constitucional e se o arquétipo é a prestação de serviço, aquele critério só pode ser reduzido ao local onde se efetua a prestação".

Tanto que o próprio Superior Tribunal de Justiça[265], amparado na melhor doutrina sobre o assunto[266], já decidiu que para fins de incidência do ISS, deve se buscar o local onde realizado o fazer, pouco importando as atividades acessórias à prestação, como o local onde é assinado o contrato, onde é captada a clientela etc.

Assim, concluindo-se da forma como o fez o Supremo Tribunal Federal, caso não se possa identificar o conceito de serviço de forma consoante àquele que já havia se firmado na doutrina e na jurisprudência, haveria de se concluir pela necessidade de um novo conceito, que não mais estivesse "apegado" a um "fazer", mas entendesse o esforço humano de outra forma, mais ampla.

---

[264] BARRETO, Aires F. *ISS na Constituição e na Lei*. 3ª ed. São Paulo: Dialética, 2009, p. 321.

[265] BRASIL. Superior Tribunal de Justiça. "PROCESSUAL CIVIL. TRIBUTÁRIO. ISS. COMPETÊNCIA. MUNICÍPIO LOCAL DA PRESTAÇÃO DO SERVIÇO. DESENVOLVIMENTO DA ATIVIDADE FIM.

1. Cinge-se a controvérsia em saber qual Município é titular do crédito de ISSQN: o Município de Cariacica, onde é prestado o serviço desenvolvido pelo contribuinte (lavanderia); ou o Município de Vitória, local da filial administrativa da empresa (captação de clientela, entrega da mercadoria e pagamento). 2. Considera-se como local do estabelecimento prestador a localidade em que há uma unidade econômica ou profissional, isto é, onde a atividade é desenvolvida, independentemente de ser formalmente considerada como sede ou filial da pessoa jurídica. 3. No presente caso, o Município de Vitória (recorrente) não é o local da prestação de serviços, mas sim onde se executam as atividades de captação da clientela (atividade meio). Portanto, não pode o recorrente ser o beneficiário do tributo. 4. A jurisprudência do STJ afirma que, "envolvendo a atividade, bens e serviços, a realidade econômica que interessa ao Direito Tributário impõe aferir o desígnio final pretendido pelo sujeito passivo tributário, distinguindo-se a atividade meio, da atividade fim, esta última o substrato da hipótese de incidência." (REsp 805.317, Rel. p/ acórdão Min. Luiz Fux, DJ 17.8.2006). Agravo regimental improvido. (AgRg no REsp 1251753/ES, Rel. Ministro HUMBERTO MARTINS, SEGUNDA TURMA, julgado em 27/09/2011, DJe 04/10/2011)

No mesmo sentido, do Supremo Tribunal Federal, confira-se o RE 92.883-9, 1ª Turma – rel. Rafael Mayer.

[266] Cf. GIARDINO, Cléber. *ISS – Competência Municipal – O artigo 12 do Decreto-lei nº 406*. 32ª ed. São Paulo: Resenha Tributária, 1984, p. 726.

Ocorre que, ao assim decidir, irremediavelmente haveria de se conformar uma nova matriz constitucional para o ISS, porque a desconstrução do núcleo do conceito de serviço impede, inclusive, que se crie um critério para definição da competência territorial para sua exigência.

Além disso, como tratado no capítulo II deste estudo, gozando o Direito Tributário de autonomia na definição dos seus conceitos, esta autonomia não deve ser entendida como uma ausência de regularidade: é dizer, muito embora o conceito tributário pudesse se desvencilhar, quando necessário, do mesmo conceito para outra área do Direito, não significa que dentro do Direito tributário uma determinada definição se faça de acordo com o sabor do intérprete.

VIII. 7. Próximos julgamentos e identidade da prestação do serviço com a obrigação de fazer

Por isso, esta mesma definição sobre qual é o núcleo da prestação de serviços terá de ser observada nos próximos julgamentos do Supremo Tribunal Federal sobre a matéria, sendo certo que a constitucionalidade da exigência do ISS sobre a atividade de operadoras de planos de saúde já teve sua repercussão geral reconhecida[267], assim como se aguarda que o Supremo também decida sobre a incidência do ISS na atividade de franquia ou de cessão de *software*[268].

---

[267] Neste sentido, confira-se a decisão proferida no recurso extraordinário nº 651.703, pelo Relator, Ministro Luiz Fux: "A questão constitucional posta à apreciação deste Supremo Tribunal Federal, portanto, cinge-se na discussão, à luz dos artigos 153, inciso V, e 156, inciso III, da Constituição Federal, sobre a incidência, ou não, do Imposto sobre Serviços de Qualquer Natureza (ISS) sobre as atividades desenvolvidas pelas operadoras de planos de saúde. A meu juízo, o recurso merece ter reconhecida a repercussão geral, haja vista que o tema constitucional versado nestes autos é questão relevante do ponto de vista econômico, político, social e jurídico, e ultrapassa os interesses subjetivos da causa".

[268] BRASIL. Supremo Tribunal Federal. Voto do Ministro Relator Luiz Fux, reconhecendo a repercussão geral no RE 688.223: "Assim, verifica-se clara a violação do art. 156, III, da CF/88, não havendo, portanto, fundamento jurídico que autorize a incidência do ISS sobre licenciamento ou cessão de direito de uso de programas de computação, pois tais atividades simplesmente, não são serviços. A vexata quaestio, desta feita, cinge-se à definição da incidência do Imposto Sobre Serviços de Qualquer Natureza ISSQN, quanto ao contrato envolvendo a cessão ou licenciamento de programas de computador (software) desenvolvidos para clientes de forma personalizada".

Interessante observar, ainda, que diante do julgamento havido pelo Supremo acerca da constitucionalidade da Lei 9.718/98, o que restar decidido pela Corte Excelsa sobre o conceito de prestação de serviço impactará substancialmente a arrecadação federal. Isso porque, quando do julgamento do recurso extraordinário nº 346.084[269], aquele Tribunal decidiu que seria inconstitucional o artigo 3º da referida lei ao dispor que "O faturamento a que se refere o artigo anterior corresponde à receita bruta da pessoa jurídica".

Decidiu naquela oportunidade o STF que faturamento também seria um conceito a ser incorporado a partir do Direito Privado e que, por isso, apenas poderia corresponder à prestação de serviços, de venda de mercadorias ou de ambas conjugadas.

Diante deste cenário, tendo em vista que a prestação de serviço deve ser um conceito unívoco para todo o Direito Tributário, muitos contribuintes passaram a contestar em Juízo a submissão, não apenas de determinadas atividades ao ISS, mas sustentar que tais atividades não deveriam compor o faturamento para fins de apuração do PIS e da COFINS.

Neste sentido, citem-se como exemplo as empresas seguradoras, que entendem que a sua atividade não seria uma atividade típica de presta-

---

[269] BRASIL. Supremo Tribunal Federal. "CONSTITUCIONALIDADE SUPERVENIENTE – ARTIGO 3º, § 1º, DA LEI Nº 9.718, DE 27 DE NOVEMBRO DE 1998 – EMENDA CONSTITUCIONAL Nº 20, DE 15 DE DEZEMBRO DE 1998. O sistema jurídico brasileiro não contempla a figura da constitucionalidade superveniente. TRIBUTÁRIO – INSTITUTOS – EXPRESSÕES E VOCÁBULOS – SENTIDO. A norma pedagógica do artigo 110 do Código Tributário Nacional ressalta a impossibilidade de a lei tributária alterar a definição, o conteúdo e o alcance de consagrados institutos, conceitos e formas de direito privado utilizados expressa ou implicitamente. Sobrepõe-se ao aspecto formal o princípio da realidade, considerados os elementos tributários. CONTRIBUIÇÃO SOCIAL – PIS – RECEITA BRUTA – NOÇÃO – INCONSTITUCIONALIDADE DO § 1º DO ARTIGO 3º DA LEI Nº 9.718/98. A jurisprudência do Supremo, ante a redação do artigo 195 da Carta Federal anterior à Emenda Constitucional nº 20/98, consolidou-se no sentido de tomar as expressões receita bruta e faturamento como sinônimas, jungindo-as à venda de mercadorias, de serviços ou de mercadorias e serviços. É inconstitucional o § 1º do artigo 3º da Lei nº 9.718/98, no que ampliou o conceito de receita bruta para envolver a totalidade das receitas auferidas por pessoas jurídicas, independentemente da atividade por elas desenvolvida e da classificação contábil adotada". (RE 346084, Relator(a): Min. ILMAR GALVÃO, Relator(a) p/ Acórdão: Min. MARCO AURÉLIO, Tribunal Pleno, julgado em 09/11/2005, DJ 01-09-2006 PP-00019 EMENT VOL-02245-06 PP-01170)

ção de serviços; ou das instituições financeiras, que alegam que os ganhos obtidos com os resultados das aplicações financeiras em nada teriam relação com o conceito de prestação de serviço, tema cuja repercussão geral também já foi reconhecida[270]. Veja-se o voto proferido pelo Ministro Ricardo Lewandowski quando do reconhecimento da repercussão geral:

> Tomado o faturamento como produto da venda de mercadorias ou da prestação de serviços, tem-se que os bancos, por certo, auferem valores que se enquadram em tal conceito, porquanto são, também, prestadores de serviços. É ilustrativa a referência, feita em apelação, à posição nº 15 da lista anexa à LC 116, em que arrolados diversos serviços bancários, como a administração de fundos, abertura de contas, fornecimento ou emissão de atestados, acesso, movimentação, atendimento e consulta a contas em geral etc. (...)
>
> Mas as receitas financeiras não se enquadram no conceito de faturamento (...) No caso concreto, a repercussão geral decorre do fato de haver interesse geral, tanto do ponto de vista jurídico, como econômico, ao o STF (sic) definir a exigibilidade do PIS e da COFINS para as instituições financeiras".

Naquele primeiro caso, em que as seguradoras discutem não realizar atividade que possa se configurar como prestação de serviço, já houve a prolação de um voto, do Ministro Cezar Peluso, em que conclui aquele Ministro não por discutir se a atividade de seguro seria ou não um serviço, mas qual a abrangência do conceito de faturamento. Discorreu o Ministro:

> Seja qual for a classificação que se dê às receitas oriundas dos contratos de seguro, denominadas prêmios, o certo é que tal não implica na sua exclusão da base de incidência das contribuições para o PIS e COFINS, mormente após a declaração de inconstitucionalidade do art. 3º, § 1º, da Lei nº 9.718/98 dada pelo Plenário do STF. É que, conforme expressamente fundamentado na decisão agravada, o conceito de receita bruta sujeita à exação tributária em comento envolve, não só aquela decorrente da venda de mercadorias e prestação de serviços, mas a soma das receitas oriundas do exercício das atividades empresariais.

---

[270] BRASIL. Supremo Tribunal Federal. "CONSTITUCIONAL. TRIBUTÁRIO. COFINS E CONTRIBUIÇÃO PARA O PIS. INCIDÊNCIA. RECEITAS FINANCEIRAS DAS INSTITUIÇÕES FINANCEIRAS. CONCEITO DE FATURAMENTO. EXISTÊNCIA DE REPERCUSSÃO GERAL. (RE 609096 RG, Relator(a): Min. RICARDO LEWANDOWSKI, julgado em 03/03/2011, DJe-080 DIVULG 29-04-2011 PUBLIC 02-05-2011 EMENT VOL-02512-01 PP-00128)

IMPACTO DOS PRINCÍPIOS NA CONFORMAÇÃO DO CONCEITO DE PRESTAÇÃO DE SERVIÇOS

Vale dizer, muito embora reprovável a conduta no sentido de mais uma vez o Supremo Tribunal Federal rever o seu entendimento sobre um determinado conceito que acabara de fixar (faturamento como venda de mercadorias e prestação de serviços, ou ambas conjugadas) e novamente afastando-se do quanto expõe a melhor doutrina, ao menos neste julgamento não houve revolvimento do conceito de serviço, o que poderia trazer ainda novos problemas para a conceituação objeto deste estudo, porquanto se viu que sua alteração pretendida pelo julgamento das operações de arrendamento mercantil, muito embora tenha o louvável mister de buscar atualizá-lo, não permitirá o seu enquadramento no arquétipo constitucional atualmente vigente, também porque se retirou um conceito de cena sem que se colocasse qualquer outro no seu lugar.

Apenas para corroborar o quanto se sustenta, veja-se que existe mais um caso com repercussão geral reconhecida, em que o Supremo Tribunal Federal identifica a necessidade de que sejam reavaliados os conceitos de prestação de serviço e de faturamento, apercebendo-se do natural impacto que a definição de tais conceitos pode gerar para todo o equilíbrio de arrecadação.

Trata-se do recurso extraordinário de nº 599.658, no qual foi proferida decisão pelo Ministro Luiz Fux no final do ano de 2012 reconhecendo-se a transcendência dos argumentos postos ao crivo do Pretório Excelso, decisão esta que, apesar de longa, pede-se a licença para que seja quase que integralmente transcrita neste trabalho, por expor a problemática evidenciada neste estudo com perfeição, nos seguintes termos:

> Nas razões do apelo extremo a União alega que o v. Acórdão, ao excluir da base de cálculo a receita de bens imóveis, está desnaturando a própria contribuição para o Programa de Integração Social PIS e consequentemente afrontando expressa e diretamente o artigo 195, I, b e o artigo 239 da Constituição Federal.
>
> Registre-se que a questão relativa à extensão da base de cálculo do PIS e da COFINS para alguns segmentos empresariais já está submetida à apreciação do Plenário desta Suprema Corte, como as seguradoras RE nº 400.4479-AgR, de relatoria do Min. Cezar Peluso, em cujo julgamento Sua Excelência assentou, seja qual for a classificação que se dê às receitas oriundas dos contratos de seguro, denominadas prêmios, o certo é que tal não implica na sua exclusão da base de incidência das contribuições para o PIS e COFINS, mormente após a

declaração de inconstitucionalidade do art. 3º, § 1º, da Lei nº 9.718/98 dada pelo Plenário do STF.

Relativamente às instituições financeiras, a Corte reconheceu a repercussão geral da matéria, nos autos do RE nº 609.096-RG, de relatoria do Min. Ricardo

Lewandoski, transcrevo esse passo da manifestação do ilustre relator: Apenas durante a vigência temporária do art. 72 do ADCT é que se viabilizou a cobrança de PIS das instituições financeiras sobre a receita operacional bruta. De janeiro de 2000 em diante, não há mais tal suporte constitucional específico a admitir outra tributação que não a comum.

O STF declarou a inconstitucionalidade do art. 3º, § 1º, da L. 9.718/98, por entender que a ampliação da base de cálculo da COFINS por lei ordinária violou a redação original do art. 195, I, da Constituição Federal, ainda vigente ao ser editada a mencionada norma legal.

Tomado o faturamento como o produto da venda de mercadorias ou da prestação de serviços, tem-se que os bancos, por certo, auferem valores que se enquadram em tal conceito, porquanto são, também, prestadores de serviços.

Diante dessas circunstâncias, a submissão da matéria ao Plenário da Corte, mesmo ao Virtual, é medida que se impõe, especialmente para evitar decisões conflitantes sobre o tema. Note-se que a respeito da matéria existem decisões reconhecendo que as receitas de locação de bens não compõem a base de cálculo dos tributos e outras como a proferida nos presentes autos prolatada pelo Ministro Eros Grau, na qual o ilustre relator determinou o sobrestamento do feito até o final julgamento do RE nº 400.479-RJ e, finalmente, outras considerando que tais verbas compõem a base de cálculo dos tributos.

Portanto, uma vez que a matéria está sendo examinada pelo Tribunal relativamente às seguradoras e às instituições financeiras, a discussão precisa se estender também às empresas locadoras, principalmente aquelas que alugam imóveis próprios, especialmente diante da jurisprudência desta egrégia Corte, que se firmou no sentido de que a atividade de locação não envolve prestação de serviços mas, uma obrigação de dar, daí porque não se sujeita à tributação pelo ISSQN (Súmula Vinculante nº 31).

No caso sub examine a discussão envolve a incidência do PIS sobre a renda auferida na locação de imóveis, inclusive no que se refere às empresas que alugam imóveis próprios, o que pode ser aplicado também à COFINS.

Ao nosso juízo, o recurso merece ter reconhecida a repercussão geral, pois o tema constitucional versado nestes autos é questão relevante do ponto de vista econômico, social e jurídico, ultrapassando os interesses subjetivos da causa.

O que se observa a partir de todos esses precedentes é que o julgamento destes casos se conduzirá a partir das seguintes premissas: ou se irá alterar o conceito de prestação de serviço (para encampar atividades outras que não decorrentes exclusivamente de um "fazer") ou se irá alterar o conceito de faturamento (para além da prestação de serviços, venda de mercadorias ou ambos conjugados).

Não há como se conjugar o conceito já anteriormente firmado de serviço e nele permitir sejam incluídas atividades como a locação ou a operação de seguro saúde. O fato é que, ainda que nestes julgamentos o Supremo possa reafirmar sua anterior jurisprudência, o quanto decidido no caso do arrendamento mercantil já é suficiente para romper com qualquer previsibilidade que o sistema possa ter, ao que o conceito de serviço permanece indefinido.

VIII. 8. Conclusão parcial

Caso o conceito de serviço possa ser alargado para que nele sejam incluídas atividades cujo núcleo não se identifica com um fazer, fato é que esse conceito não poderá ser recebido por nosso atual sistema constitucional, na medida em que infirma os demais critérios da hipótese de incidência, especialmente o critério espacial, ao que não haverá como se apontar um critério seguro para conhecer quem seria o sujeito ativo do tributo.

A dificuldade na definição do sujeito ativo não estaria apenas entre dois municípios, sobre o próprio Imposto sobre Serviços, mas inclusive entre Municípios e Estados e Municípios e União. Isso porque as operações financeiras, que estão sob a tributação da União, não mais havendo a necessidade de realização de um fazer para que se possa desencadear a tributação pelo ISS, poderiam ser eleitas pelos municípios como alvo da tributação que onera os serviços[271]; ao que o mesmo poderia ocorrer com as operações de circulação de mercadorias.

---

[271] Observe-se, neste sentido, que muito embora a decisão não tenha adentrado ao mérito sobre a base de cálculo do tributo, os votos proferidos pelos Ministros Nunes Maia Filho e Asfor Rocha no recente julgamento do REsp REsp 1060210/SC foram no sentido de que decidiram que o ISS deveria incidir sobre o valor de todo o financiamento no caso do arrendamento mercantil, reproduzindo o voto exarado pelo Ministro Eros Grau de que, de acordo com o entendimento mais moderno, financiamento seria serviço, no que tal entendimento contrariou, inlucisve, o quanto disposto no artigo 2º, III, da LC 116/03, de que o ISS não pode incidir sobre "o valor intermediado no mercado de títulos e valores mobiliários, o valor

O CONCEITO DE SERVIÇO E A CONSTITUIÇÃO BRASILEIRA

Não se sustenta que o conceito de serviço não poderá evoluir; pelo contrário. Cite-se, como exemplo, que o conceito de esforço humano hoje já poderá ser identificado não apenas com a atividade física ou intelectual humana propriamente dita, mas poderá ser vislumbrada também no caso de máquinas ou computadores que são operados por seres humanos; até mesmo quando fizerem uma atividade de forma automática, nas hipóteses em que são pré-programados (v.g. quando um caixa eletrônico fornece dinheiro ao correntista de acordo com uma sequencia de teclas pressionadas).

No entanto, há de ser observada que tal transformação se dá de forma periférica ao conceito, mas nunca em seu núcleo. Inclusive, nos tempos atuais, a própria "entrega" do serviço pode se dar de forma digital, sem que sequer as partes contratantes se conheçam e tenham firmado contratos presencialmente; no entanto, o núcleo da prestação somente poderia ser alterado se houvesse uma profunda transformação na repartição das competências tributárias idealizada pelo Constituinte de 1988, posto que, ausente esse pressuposto, qualquer alteração no conceito de prestação de serviço culminará, inexoravelmente, em conflito de competência entre os entes federados (real e não apenas aparente, como pode acontecer com os conceitos que foram firmados até hoje na doutrina).

---

dos depósitos bancários, o principal, juros e acréscimos moratórios relativos a operações de crédito realizadas por instituições financeiras".

Conclusões

1. O sistema tributário de um país tem como função o financiamento do Estado e, por esta razão, reflete a ideologia de sua organização (que pode ser mais ou menos intervencionista, mais ou menos garantidor).

2. O Estado Brasileiro se constituiu como um Estado intervencionista e garantidor de direitos coletivos e individuais (sem que se adentre ao mérito em relação à qualidade da destinação dos recursos) e que, por esta razão, precisa de um mecanismo bastante definido de financiamento.

3. A Carta Política previu um mecanismo bastante rígido de repartição das competências tributárias, certo que tais competências podem ser traduzidas na definição implícita dos critérios que compõem a regra-matriz de incidência de cada tributo.

4. Os critérios materiais das hipóteses de incidência pressupõem a existência de um núcleo, o qual deverá ser definido a partir de um sentido não expressamente delineado pelo texto constitucional.

5. Tais núcleos conceituais devem ser buscados a partir de métodos interpretativos, os quais devem ser refletidos nas decisões a serem proferidas pela Corte Constitucional; tais decisões não necessariamente devem buscar uma teoria universalista, mas devem evidenciar seu caráter construtivista.

6. No entanto, a experiência brasileira mais recente tem demonstrado que as tentativas do Supremo Tribunal Federal em construir conceitos têm sido erráticas e o entendimento tem se alterado com frequência. No caso da prestação dos serviços, tema central do trabalho, retirou-se do ordenamento jurídico um conceito sem a construção de outro que pudesse se

alinhar com as competências tributárias originalmente idealizadas pelo sistema constitucional, interpretado de forma sistemática.

7. Demonstrou-se, ainda, que ainda que o Direito Tributário tenha erigido seus próprios conceitos, desvinculando-se de sua dependência integral do Direito Privado e revelando sua autonomia, não pode desenhar conteúdo que colida com as outras áreas do conhecimento jurídico. Portanto, os núcleos das definições de Direito Tributário não têm como se afastar em definitivo daquilo que já havia se consolidado no Direito Privado.

8. A evolução periférica dos conceitos na seara do Direito Tributário depende da interpretação sistemática dos princípios, sendo que os de maior relevo são os (i) princípios da igualdade, (ii) da capacidade contributiva, (iii) da neutralidade, (iv) da praticabilidade, (v) da solidariedade tributária e (vi) do federalismo. São estes os princípios que deveriam nortear as mais recentes definições utilizadas pela Suprema Corte e que resultaram na alteração do conceito de prestação de serviço, já antes consagrado na doutrina e na jurisprudência.

9. A construção do então pacífico conceito de prestação de serviços decorreu desde a sua primeira previsão expressa no Texto Constitucional de 1965 (EC 18/65), ultrapassando todas as alterações constitucionais e legais aplicáveis, até a sua conformação na atual Carta Política.

10. Demonstrou-se que a atual Constituição, por seu caráter rígido, não tolera alterações nas competências tributárias originalmente idealizadas, ao que não se permite à Lei Complementar excluir da competência dos municípios aquilo que é serviço – ao que são severas às críticas ao entendimento quanto à taxatividade da lista de serviços -, mas também não autoriza que seja taxado como serviço aquilo que não é.

11. Por esta razão é que não poderá ser tratado como serviço aquilo que não for: (i) um esforço humano; (ii) economicamente apreciável; (iii) com a intenção de produzir um resultado útil; (iv) resultado este em favor de terceiro; (v) sem subordinação; (vi) sob o regime de direito privado; (vii) com intuito de remuneração; (viii) não compreendido na competência de outra esfera de governo e; (ix) realizado com habitualidade.

12. Dentro do conceito de esforço humano, há de ser buscado o seu núcleo, que somente poderá ser identificado como um "fazer", na conotação histórica que o Direito Privado concebeu para este tipo de obrigação.

CONCLUSÕES

13. No entanto, ainda que identificado na obrigação todos os caracteres acima delineados, inclusive em relação ao seu núcleo, há de se verificar se a atividade praticada goza de suficiente autonomia para desencadear a tributação, posto que, caso se afigure como uma mera atividade preliminar de uma atividade de dar não poderá ser tributada ou, se preliminar a outro "fazer", por este será encampado para fins de tributação.

14. Dentre as teorias mais conhecidas para a extração dos conceitos pressupostos pelo Texto Constitucional estão a (i) teoria estipulativa, pela qual o legislador infraconstitucional teria ampla liberdade para fixar conceitos; (ii) teoria dos significados mínimos, pela qual os conceitos em zona de penumbra poderiam ser complementados em seus caracteres periféricos pelo legislador infraconstitucional; (iii) teoria da suficiência do texto constitucional, por meio da qual o texto da Constituição já evidenciaria todos os caracteres dos conceitos, bastando ao intérprete extraí-los; e (iv) teoria da abertura metodológica, por meio da qual os conceitos são pressupostos pelo Texto Magno, mas são extraídos de acordo com uma interpretação sistemática e refletindo as evoluções sociais, ao que estas e a própria legislação devem ser consideradas fontes dos vetores hermenêuticos, ao que concluímos que tal método interpretativo é o que melhor retrata a intenção daquele Constituinte que pretende que seu texto seja rígido e não sofra alterações frequentes, porque estas vêm de dentro para fora no texto.

15. O Supremo Tribunal Federal já exarou entendimento utilizando-se cada uma dessas correntes interpretativas; independentemente do método utilizado para a construção dos conceitos, uma vez firmados, demonstrou-se que o contribuinte é livre para arquitetar suas operações de forma a excluí-las das regras matrizes de incidência, o que configuraria elisão fiscal. Esta, diferenciando-se da evasão fiscal – já que nesta última simula-se a ocorrência de um fato que poderia se afastar do núcleo conceitual da incidência – é perfeitamente admitida por nosso sistema e jamais poderá ser confundia com abuso de forma.

16. Diante de tal constatação é que na incidência tributária, independente do nome que se dê para o fato, o evento nele traduzido deve ser revelado pelo seu núcleo e em relação a este deve ser realizada a atividade da subsunção.

17. Na última oportunidade que o Supremo Tribunal teve para analisar o conceito de prestação de serviço, os Ministros, imbuídos dos princípios

da igualdade, capacidade contributiva, neutralidade, praticabilidade, da solidariedade tributária e do federalismo – ainda que com concepções nitidamente equivocadas sobre o seu conteúdo axiológico – entenderam que o "fazer" não mais poderia ser identificado como o núcleo do esforço humano que configura a prestação de serviços; buscaram ainda afirmar que o arrendamento mercantil seria um tipo de financiamento e que assim deveria ser considerado para fins de incidência, como se o contribuinte tivesse objetivado alterar o caráter jurídico da operação para refugir à tributação.

18. Ocorre que, se ao mesmo tempo em que retiraram o fazer do núcleo do conceito de prestação de serviço, não desenvolveram qualquer conceito que pudesse suplantá-lo; e nem poderia ser diverso, na medida em que, como demonstrado, caindo por terra a identidade entre o serviço e o "fazer", descaracteriza-se toda a competência territorial desenhada pela Constituição aos municípios, cujo conflito na sujeição ativa do imposto se dará a toda evidência.

19. Além disso, apontou-se que o Direito Tributário, muito embora em áreas periféricas possa se distanciar das outras áreas do Direito nas suas definições não admite contradições internas; portanto, a desconstrução do conceito de prestação de serviços impacta de forma irreversível nas decisões que serão tomadas sobre os tributos federais que incidem sobre o faturamento, pois este já havia sido definido pelo Supremo Tribunal Federal como a prestação de serviços, venda de mercadorias ou ambas conjugadas.

20. Portanto, por mais que se tenha partido da premissa de que os conceitos devem evoluir de acordo com a evolução social, espera-se ter demonstrado que, à égide do atual sistema de repartição das competências tributárias, não há como se conceber um conceito de prestação de serviços que não gravite sobre o núcleo de uma obrigação de fazer, no que a tentativa da Corte Maior de alterá-lo apenas flagelou o sistema com nítida insegurança e ausência de previsibilidade, algo que se repudia mesmo pelas teorias mais flexíveis sobre os métodos de hermenêutica.

BIBLIOGRAFIA

ADEODATO, João Maurício. *A Retórica Constitucional – Sobre tolerância, Direitos Humanos e Outros Fundamentos éticos do Direito Positivo.* 2ª ed. São Paulo: Saraiva, 2010.

ALEXY, Robert. *El Concepto y La Validez Del Derecho*, 2ª ed., Barcelona: Gedisa, 1.997.

AMARO, Luciano. *Direito Tributário Brasileiro.* São Paulo: Saraiva, 2011.

—. Mesa de debates – periodicidade do Imposto de Renda. *Revista de Direito Tributário* nº 63, São Paulo: Malheiros, 2003.

ATALIBA, Geraldo. Federação. *Revista de Direito Público.* vol. 81. São Paulo, 1987.

—. ISS na Constituição – Pressupostos Positivos – Arquétipo do ISS, *Revista de Direito Tributário* nº 37, São Paulo: Malheiros, 1986.

—. *Lei Complementar na Constituição*, São Paulo: RT, 1.971.

—. Normas Gerais de Direito Financeiro e Tributário e Autonomia dos Estados e Municípios. *Revista de Direito Público.* vol. 10. São Paulo: Revista dos Tribunais, 1969.

—. Problemas Atuais do Imposto sobre Serviços. In: *Revista do Advogado.* vol. 5, São Paulo: AASP, 1981.

—. *República e constituição.* Atualização Rosolea Miranda Folgosi. 2ª ed. São Paulo: Malheiros, 1998.

—. *Sistema Constitucional Tributário Brasileiro*, 1ª ed., São Paulo: RT, 1.966.

—; BARRETO, Aires F. ISS – locação e "leasing". *Revista de Direito Tributário* nº 51. São Paulo: Malheiros, 1990.

—; BARRETO, Aires F. *ISS e Locação – conceito constitucional de serviço – locação não é serviço; não pode a lei assim considera-la para efeitos tributários.* In Revista dos Tribunais v. 619, 1987.

—; BARRETO, Aires Fernandinho *in* RT 169/10.

ÁVILA, Alexandre Rossato da Silva. *Curso de Direito Tributário.* 4ª ed. Porto Alegre: Verbo Jurídico, 2008.

ÁVILA, Humberto. *A distinção entre princípios e regras e a redefinição do dever de proporcionalidade*, Revista Diálogo

Jurídico, Salvador, CAJ – Centro de Atualização Jurídica, v. I, nº 4, julho, 2.001. Disponível em <http://www.direitopublico.com.br>, acesso em 04/12/2011.

––. *Igualdade Tributária: Estrutura, Elementos, Dimensões, Natureza Normativa e Eficácia*, Tese de Livre Docência, São Paulo: Faculdade de Direito da USP, 2.006.

––. *Teoria dos Princípios*. 12ª ed. São Paulo: Malheiros, 2011

––. *Sistema Constitucional Tributário*. São Paulo: Saraiva, 2004.

BALEEIRO, Aliomar. *Direito Tributário Brasileiro*. 10ª ed. Rio de Janeiro: Forense, 1995.

––. *Limitações Constitucionais ao Poder de Tributar*, 2ª ed., Rio de Janeiro: Forense, 1.960.

BAPTISTA, Marcelo Caron. *ISS – do texto à norma*. São Paulo: Quartier Latin, 2005.

BARRETO, Aires F. ISS – atividade-meio e serviço-fim. *Revista Dialética de Direito Tributário* nº 5, São Paulo: Dialética, 1996.

––. *ISS – não incidência sobre cessão de espaço em bem móvel incerto*, Revista de Direito Tributário nº 76, São Paulo: Malheiros, 1.999.

––. *ISS na Constituição e na Lei*. 3ª ed. São Paulo: Dialética, 2009.

BARROS, Sergio Resende de. *Direitos Humanos: paradoxo da civilização*. Belo Horizonte: Del Rey, 2003.

BASTOS, Celso Ribeiro. *Curso de Direito Financeiro e de Direito Tributário*. 4ª ed. São Paulo: Saraiva, 1995.

––, *Curso de Direito Constitucional*. 19ª ed. São Paulo: Saraiva, 1998.

BECHO, Renato Lopes. *Tributação das Cooperativas*, São Paulo: Dialética, 1.998.

BECKER, Alfredo Augusto. *Carnaval Tributário*. 2ª ed. São Paulo: Lejus, 1999.

––. *Teoria Geral do Direito Tributário*. 3ª ed. São Paulo: Lejus, 1998.

BEVILÁQUA, Clóvis. *Direito das Obrigações*. 9ª ed. Rio de Janeiro: Francisco Alves, 1957.

BORGES, José Souto Maior. *Aspectos fundamentais da Competência para Instituir o ISS*. In TORRES, Heleno (org.). ISS na Lei Complementar 116/03 e na Constituição. Barueri: Manole, 2004.

––. *Hermenêutica Histórica No Direito Tributário*, in Revista Tributária e de Finanças Públicas. Vol. 31. São Paulo: RT, 2000

––. Inconstitucionalidade e Ilegalidade da Cobrança do ISS sobre Contratos de Assistência Médico-Hospitalar. *Revista de Direito Tributário* nº 38, São Paulo, Malheiros, 1986.

––. ISS (Impostos sobre Serviços) na Constituição. *Revista de Direito Tributário*, nº 3, São Paulo: Malheiros, 1978.

––. *Lei Complementar tributária*. São Paulo: RT-EDUC, 1975.

BRIGGS, Charles W., *Taxation is not for fiscal purposes only*, in American Bar Association Journal, vol. 52, 1966.

CALIENDO, Paulo, *Princípio da Neutralidade Fiscal – conceito e aplicação*. In PIRES, Adilson Rodrigues; TORRES,

Heleno Taveira (orgs.), *Princípios de Direito Financeiro e Tributário. Estudos em homenagem ao professor Ricardo Lobo Torres*, Rio de Janeiro: Renovar, 2.006.

––. *Direito tributário e análise econômica do direito – Uma visão crítica*. Rio de Janeiro: Elsevier, 2009.

CAMPOS, Francisco. Regime federativo – competência da União e dos Estados – imunidade tributária – poderes implícitos – descentralização administrativa – imposto do selo – isenção e incidência. *Revista de direito administrativo*, Renovar, Rio de Janeiro, nº 78, 1965.

CANOTILHO, J. J. Gomes, *Direito Constitucional e Teoria da Constituição*, 7ª ed., Coimbra: Almedina.

CARRAZZA, Elizabeth Nazar. *O Imposto sobre Serviços na Constituição*. Dissertação de Mestrado apresentada na Pontifícia Universidade Católica de São Paulo, na área de concentração de Direito Tributário, sob orientação do Professor Geraldo Ataliba. São Paulo, 1976.

CARRAZZA, Roque Antônio. *Curso de direito constitucional tributário*. 11ª ed. São Paulo: Malheiros, 1998.

––. *Curso de Direito Constitucional Tributário*. 24ª ed. São Paulo: Malheiros, 2.008.

––. *Imposto sobre Serviços de Qualquer Natureza (ISS) nos serviços de Registros Públicos, cartorários e notariais*, parecer inédito.

––. ISS – Serviços de Reparação de Turbinas de Aeronaves para Destinatários no Exterior, Não incidên

cia, Exegese do art. 2º e seu parágrafo único da Lei Complementar nº 116/03. *Revista de Direito Tributário nº 93*. São Paulo: Malheiros, 2005.

CARVALHO, Paulo de Barros. *Curso de Direito Tributário*. 20ª ed. São Paulo: Saraiva, 2004.

––. *Direito Tributário: linguagem e método*. São Paulo: Noeses, 2009.

––. *Sobre os Princípios Constitucionais Tributários*, in Revista de Direito Tributário nº 55, ano 15, jan./mar., São Paulo: Malheiros, 1991.

––. Teoria da Norma Tributária. São Paulo: Max Limonad, 1998.

CASTANHEIRA NEVES, Antônio. *Introdução ao Estudo do Direito*, Coimbra: J. Abrantes, 1971.

––. *Curso de Introdução ao Estudo do Direito*. Coimbra: Policopiadas, 1976.

COÊLHO, Sacha Calmon Navarro. *Curso de Direito Tributário Brasileiro*. 9ª ed. Rio de Janeiro: Forense, 2006.

––. *Evasão e Elisão Fiscal. O parágrafo único do art. 116, CTN, e o Direito Comparado*, Rio de Janeiro: Forense, 2.006.

––. *Teoria da Evasão e da Elisão em Matéria Tributária. Planejamento Fiscal – Teoria e Prática*. São Paulo: Dialética, 1998, p. 174.

COSTA, Alcides Jorge. Direito Tributário e Direito Privado. In: Machado, Brandão (coord.). *Direito Tributário: estudos em homenagem ao Prof. Ruy Barbosa Nogueira*. São Paulo: Saraiva, 1984.

COSTA, Regina Helena. *Praticabilidade e Justiça Tributária*, São Paulo: Malheiros, 2.007.

DÁCOMO, Natália. *Hipótese de Incidência do ISS*. São Paulo: Noeses, 2006.

DERZI, Misabel Abreu Machado. *Direito Tributário, Direito Penal e Tipo*, São Paulo: RT, 1.998.

—. *Direito Tributário, Direito Penal e tipo*. 2ª ed. São Paulo: RT, 2007.

—. *Modificações da Jurisprudência no Direito Tributário*. São Paulo: Noeses, 2009.

—. *O Princípio da Igualdade e o Direito Tributário*, RFDMC, vol. I.

DINIZ, Maria Helena. *Curso de Direito Civil Brasileiro*. 2º vol. São Paulo: Saraiva, 2003.

—. *Curso de Direito Civil Brasileiro*. 3º vol. São Paulo: Saraiva, 2003

—. *Tratado teórico e prático dos contratos*, 2º vol. São Paulo: Saraiva, 2003.

DÓRIA, Sampaio. Elisão e Evasão Fiscal. São Paulo: Lael, 1971.

DWORKIN, Ronald. *Taking Rights Seriously*, London: Duckworth, 1.991.

EVERSON, Stephen. *Introduction in Aristotle – The Politics*. Cambridge: University Press, 1993.

FALCÃO, Amílcar. Sistema Tributário Brasileiro. 1ª ed. Rio de Janeiro: Financeiras, 1965.

FERRAGUT, Maria Rita. Presunções no Direito Tributário. São Paulo: Dialética: 2001.

FERRAZ JUNIOR, Tercio Sampaio. *Obrigação Tributária acessória e limites de imposição: razoabilidade e neutralidade concorrencial do estado*. In FERRAZ, Roberto (coord.), *Princípios e limites da tributação*, São Paulo: Quartier Latin, 2.005.

—. *Práticas Tributárias e Abuso de Poder Econômico*, in Revista de Direito da Concorrência, nº 9, Brasília, jan./mar. 2.006.

FERRAZ, Roberto. *A Inversão do Princípio da Capacidade Contributiva no Aumento da COFINS pela Lei 9.718/98*, in Revista Dialética de Direito Tributário nº 130, São Paulo: Dialética, 2.006.

FERREIRA FILHO, Manoel Gonçalves. *Curso de Direito Constitucional*. 27ª ed. São Paulo: Saraiva, 2001.

—. *Do Processo Legislativo*. São Paulo: Saraiva, 1977.

FORTES, Maurício Cezar Araújo. *A regra-matriz de incidência do Imposto sobre Serviços de Qualquer Natureza*, dissertação de mestrado, inédita.

GIARDINO, Cléber. *ISS – Competência Municipal – O artigo 12 do Decreto-lei nº 406*. 32ª ed. São Paulo: Resenha Tributária, 1984.

—. Relação Jurídica Tributária e o Aspecto Pessoal que a Integra. *Revista de Direito Público* nº 15, São Paulo: RT.

GOMES, Orlando. *Obrigações*. Rio de Janeiro: Forense, 1961

—. Obrigações. 4ª ed. Rio de Janeiro: Forense, 1976.

GONÇALVES, José Artur de Lima. A Lei Complementar 104, de 2001, e o art. 116 do CTN. *Revista de Direito Tributário* nº 81, São Paulo: Malheiros, p. 231

GRAU, Eros Roberto. *A Ordem Econômica na Constituição de 1988*, 3ª ed., São Paulo: Malheiros, 1.999.

—. Atualização da Constituição e mutação constitucional (art. 52, X, da Constituição). In *Revista Acadêmica da Escola de Magistrados da Justiça Federal da 3ª Região*, ano I, nº 1, p. 60.

——. *Ensaio sobre a interpretação/aplicação do Direito*. 2ª ed. São Paulo: Malheiros, 2003.

GRUPEMANCHER, Betina Treiger. *Eficácia e aplicabilidade das limitações constitucionais ao poder de tributar*. São Paulo: Resenha Tributária, 1997.

JUSTEN FILHO, Marçal. *O Imposto sobre Serviços na Constituição*. São Paulo: RT, 1985.

KELSEN, Hans. *Teoria Pura do Direito*, 2ª ed., vol. II, Coimbra: Sucessor, 1.962.

——. *Teoria Pura do Direito*. 4ª ed., São Paulo, Martins Fontes, 1994.

LAPATZA, José J. Ferreiro. *Derecho Financiero: Dinero Público y Política Fiscal*. in Revista de Direito Tributário, nº 100, São Paulo, Malheiros, 2.008.

MACHADO, Hugo de Brito. *Curso de Direito Tributário*. 30ª ed. São Paulo: Malheiros, 2009.

——. O conceito de serviço e algumas modalidades listadas no anexo da LC nº 116/2003. TORRES, Heleno (org.). *ISS na Lei Complementar 11603 e na Constituição*. Barueri: Manole, 2004.

——. *Os princípios jurídicos da tributação na Constituição de 1.988*, São Paulo: RT, 1.989.

MALERBI, Diva. *Elisão Tributária*. São Paulo: RT, 1984.

MARTINS, Cristiano Franco. *Princípio Federativo e Mudança Constitucional: limites e possibilidades na Constituição Brasileira de 1988*, Rio de Janeiro: Lumen Juris, 2003.

MARTINS, Ives Gandra da Silva. *Aproximação Dos Sistemas Tributários*. Revista Tributária e de Finanças Públicas, v. 63, RT: 2005.

——. *Curso de Direito Tributário*. 7ª ed., São Paulo: Saraiva, 2003.

MELLO, Celso Antônio Bandeira de Mello. in *Curso de Direito Administrativo*, 25ª ed., São Paulo: Malheiros, 2.008.

——. *O conteúdo jurídico do princípio da igualdade*, 2ª ed., São Paulo: RT, 1.978.

MELLO, Oswaldo Aranha Bandeira de. *Natureza Jurídica do Estado Federal*. São Paulo, 1948.

MELO, José Eduardo Soares de. *ISS – Aspectos Teóricos e Práticos*. 3ª ed. São Paulo: Dialética, 2003.

MITA, Enrico de. *O Princípio da Capacidade Contributiva*, in Princípios e Limites da Tributação, coord. Roberto Ferraz, São Paulo: Quartier Latin, 2.005.

MONTEIRO, Washington de Barros. *Curso de Direito Civil – Direito das Obrigações*, 1ª parte, São Paulo, Saraiva, 1967.

MORAES, Bernardo Ribeiro de. Imposto municipal sobre serviços. *Revista de direito público*. São Paulo, vol. 1, jul.-set./1967.

MOSQUERA, Roberto Quiroga. *Renda e Proventos de Qualquer Natureza: o Imposto e o Conceito Constitucional*. São Paulo: Dialética, 1996.

MOSCHETTI, Francesco. *El principio de capacidad contributiva*. Trad. Juan M.

Calero Gallego e Rafael Navas Vazquez. Madrid: Instituto de Estudios Fiscales, 1980

NERY JUNIOR, Nelson. ANDRADE NERY, Maria de. *Código Civil Comentado*. 6ª ed. São Paulo: RT, 2008, nota introdutória 25

OLIVEIRA, Fernando A. Albino. *Conflitos de competência entre ICM e ISS*, São Paulo: RDT nº 19, 1982..

PEREIRA, Caio Mário da Silva. *Instituições de Direito Civil*, 3º vol. 4ª ed. Rio de Janeiro: Forense, 1978.

POLIZELLI, Victor Borges. *A Eficiência do Sistema Tributário – uma Questão de Busca da Justiça com Proteção da Segurança Jurídica*, in Direito Tributário Atual nº 20, coord. Alcides Jorge Costa, Luís Eduardo Schoueri e Paulo Celso Bergstrom Bonilha, São Paulo: Dialética, IBDT, 2.006.

REALE, Miguel. *Filosofia do Direito*. 11ª ed. São Paulo: Saraiva, 1986.

RIBEIRO FILHO, Alexandre da Cunha. FERREIRA DE MELLO, Vera Lúcia. Nova Legislação para o ISS. *Revista de Administração Municipal* nº 140, Rio de Janeiro, Ibam.

ROSS, Alf. *Sobre el derecho y la justicia*, Buenos Aires: Eudeba, 1963.

SCHOUERI, Luis Eduardo. *Direito Tributário*, São Paulo, Saraiva, 2.011.

--. Discriminação de competências e competência residual. In SCHOEURI, Luis Eduardo; ZILVETI, Fernando Aurélio (coord.). *Direito Tributário: estudos em homenagem a Brandão Machado*. São Paulo: Dialética, 1998.

--. *Livre Concorrência e Tributação*, in Grandes Questões Atuais do Direito Tributário, vol. 11, Coord. Valdir de Oliveira Rocha, São Paulo: Dialética, 2.007.

SILVA, José Afonso da. *Curso de Direito Constitucional Positivo*. 27ª ed. São Paulo: Malheiros, 2006.

SILVEIRA, Rodrigo Maito, *Tributação e Concorrência*, Tese de Doutorado, USP, 2.009.

SMITH, Adam. *A Riqueza das Nações: investigação sobre a sua natureza e suas causas*. Livro V. Tradução de Luiz João Baraúna. São Paulo: Abril Cultural, 1983.

SOARES DE MELLO, José Eduardo. *Aspectos Teóricos e Práticos do ISS*, São Paulo: Dialética, 2.000.

SOUSA, Rubens Gomes. A evolução do conceito de rendimento tributável. *Revista de Direito Público nº 14*, São Paulo: Malheiros.

STRECK, Lenio Luiz. *Jurisdição constitucional e hermenêutica – uma nova crítica do direito*. Porto Alegre: Livraria do Advogado, 2002.

TIPKE, Klaus. *Princípio de igualdade e ideia de sistema no Direito Tributário*, in MACHADO, Brandão (coord.) *Direito Tributário. Estudos em Homenagem ao professor Ruy Barbosa Nogueira*, São Paulo: Saraiva, 1.984.

TORRES, Heleno Taveira. *Direito Constitucional Tributário e Segurança Jurídica*. 2ª ed. São Paulo: RT, 2012.

TORRES, Ricardo Lobo, Tratado *de Direito Constitucional Financeiro e Tributário – Valores e Princípios Cons-*

titucionais Tributários, vol. II, Rio de Janeiro, Renovar, 2.005.

––. *Normas de interpretação e integração do Direito Tributário.* 4ª ed. Rio de Janeiro: Renovar, 2006.

––. Tratado *de Direito Constitucional Financeiro e Tributário – Valores e Princípios Constitucionais Tributários*, vol. II, Rio de Janeiro: Renovar, 2.005.

VELLOSO, Andrei Pitten. *Conceitos e competências tributárias.* São Paulo: Dialética, 2005.

VIOL, Andréa Lemgruber. *A Finalidade da Tributação e sua Difusão na Sociedade.*In.http://www.receita.fazenda.gov.br/publico/estudotributarios/eventos/seminarioii/texto02afinalidadedatributacao.pdf, acesso em 03.12.2011.

WEISS, Fernando Lemme. *Princípios Tributários e Financeiros*, Rio de Janeiro: Lumen Juris, 2006. p. 119.

ZILVETI, Fernando Aurélio. *Os Limites da Praticabilidade diante do Princípio da Capacidade Contributiva*, in Direito Tributário Atual, vol. 22, São Paulo: Dialética, 2.008.

––. *Princípios de Direito Tributário e a Capacidade Contributiva*, Quartier Latin: São Paulo, 2.004.

––. *Variações sobre o princípio da neutralidade no Direito Tributário gbInternacional*, in *Direito Tributário Atual*, vol. 19, São Paulo: Dialética, 2.005.

ÍNDICE

APRESENTAÇÃO   7

INTRODUÇÃO   9
1. Momento histórico da criação dos tributos   9
2. Critérios e valores para formação do sistema tributário   10
3. Rigidez de competências como valor da atual Constituição   13
4. O detalhamento da hipótese de incidência na Carta Magna   14
5. O uso de conceitos pela Carta Magna na definição de competências   16
6. Proposições para solução do problema   18
7. Escopo do trabalho   19

CAPÍTULO I AUTONOMIA DO DIREITO TRIBUTÁRIO
NA DELIMITAÇÃO DE SEUS PRÓPRIOS CONCEITOS   21
I. 1.   Caráter econômico dos fatos submetidos à tributação   21
I. 2.   Interpretação dos fatos de onde se extrairá o substrato
econômico   22
I. 3.   As definições do Direito Privado como embriões dos conceitos
de Direito Tributário   22
I. 4.   A origem dos conceitos do Direito Tributário   23

CAPÍTULO II DEFINIÇÃO E FUNÇÃO DOS PRINCÍPIOS   25
II. 1. Princípios enquanto valores   25
II. 2. Intérprete como portador da carga axiológica   26
II. 3. Impossibilidade de busca de valores exclusivos da época
da edição da norma   27
II. 4. Conceito de princípios   28

O CONCEITO DE SERVIÇO E A CONSTITUIÇÃO BRASILEIRA

II. 4. 1. Diferenciação entre regras e princípios	29
II. 5. Princípios constitucionais e unidade do sistema	31

CAPÍTULO III PRINCÍPIOS EM ESPÉCIE	35
III. 1. Princípio da Igualdade Tributária	35
III. 1. 1. Valor que se extrai do princípio da igualdade	37
III. 2. Princípio da Capacidade Contributiva	38
III. 2. 1. Valor extraído do princípio da capacidade contributiva	40
III. 3. Princípio da Neutralidade Tributária	41
III. 3. 1. Valor a ser extraído do princípio da neutralidade tributária	42
III. 4. Princípio da Praticabilidade Tributária	44
III. 4. 1. O conteúdo do princípio da praticabilidade tributária	46
III. 4. 2. Exemplo da aplicação do princípio da praticabilidade tributária	47
III. 5. Princípio da Solidariedade	48
III. 5. 1. O valor que decorre do princípio da solidariedade	49
III. 6. O Princípio Federativo	50
III. 6. 1. O princípio federativo como organização de Estado	52
III. 6. 2. O valor esperado a partir do princípio federativo	53
III. 6. 3. Federação e Autonomia dos Municípios	54
III. 6. 3. 1. Autonomia enquanto impossibilidade de alteração das competências tributárias	55
III. 6. 3. 2. Municípios enquanto tuteladores dos interesses locais	57

CAPÍTULO IV CONFORMAÇÃO HISTÓRICO-CONSTITUCIONAL E LEGAL DA TRIBUTAÇÃO DOS SERVIÇOS NO BRASIL	59
IV. 1. Sistema de inserção de novas normas no ordenamento	59
IV. 2. Histórico constitucional e legislativo do Imposto sobre Serviços	60
IV. 2. 1. A primeira aparição constitucional	60
IV. 2. 2. Arquétipo na Constituição de 1967	63
IV. 2. 3. As alterações do DL 406/68	64
IV. 2. 4. Arquétipo na Constituição de 1969	68
IV. 2. 5. As alterações da LC 56/87	68
IV. 2. 6. Arquétipo na atual Constituição	69
IV. 2. 7. As alterações perpetradas pela LC 116/03	70

ÍNDICE

Capítulo V FUNÇÃO DA LEI COMPLEMENTAR
E TAXATIVIDADE DA LISTA DE SERVIÇOS 73
V. 1. Pacto federativo e a lista de serviços 73
V. 2. Funções da lei complementar 74
V. 3. A lei complementar e o ISS 78
V. 4. A taxatividade da lista de serviços 80

Capítulo VI CONCEITO DE PRESTAÇÃO DE SERVIÇOS 83
VI. 1. Histórico da construção do conceito 83
VI. 2. Necessidade de construção de um conceito próprio
ao Estado Brasileiro 84
VI. 3. Primeiras conclusões a partir do texto constitucional ... 84
VI. 4. A lei complementar como solucionadora dos conflitos
de competência 85
VI. 5. A extração dos critérios da matriz de incidência do texto
constitucional 87
VI. 6. Primeiras conclusões sobre o conceito de serviço 90
VI. 7. A dificuldade de definição do núcleo da prestação de serviço ... 92
VI. 8. Conceito de prestação como obrigação de fazer 96
    VI. 8. 1. Prestação-meio e prestação-fim 101

Capítulo VII SERVIÇO ENQUANTO CONCEITO
PRESSUPOSTO PELO TEXTO CONSTITUCIONAL E SUA
FORMAÇÃO HERMENÊUTICA 105
VII. 1. Prestação de serviço enquanto conceito em processo
de evolução 105
VII. 2. Princípios enquanto vetores da evolução do conceito
de prestação de serviços 108
VII. 3. Teoria Estipulativa 110
VII. 4. Teoria dos Significados Mínimos 112
VII. 5. Teoria da Suficiência do Texto Constitucional 113
VII. 6. Teoria da Abertura Metodológica 114
VII. 7. Avaliação crítica: consideração econômica e abuso de formas 117
    VII. 7. 1. Elisão e evasão fiscal 120
    VII. 7. 2. Simulação 121
    VII. 7. 3. Importância do tema para o conceito de serviço
        e questões reflexas 123
        VII. 7. 3. 1. Conclusão parcial 127

O CONCEITO DE SERVIÇO E A CONSTITUIÇÃO BRASILEIRA

Capítulo VIII IMPACTO DOS PRINCÍPIOS NA CONFORMAÇÃO DO CONCEITO DE PRESTAÇÃO DE SERVIÇOS E AS DECISÕES DO SUPREMO TRIBUNAL FEDERAL ... 129

VIII. 1. Conceitos como ponto de equilíbrio do sistema ... 130

VIII. 2. Discussão concreta quanto ao núcleo da prestação de serviço ... 131

VIII. 3. Pontos sensíveis na declaração de inconstitucionalidade da norma ... 132

VIII. 4. Conclusão do Supremo Tribunal Federal sobre a impossibilidade de manutenção do conceito de prestação de serviço ... 133

VIII. 5. Necessidade de criação de um novo conceito, infirmado o conceito anterior ... 138

VIII 6. Fazer como núcleo do conceito e o critério territorial da hipótese de incidência ... 138

VIII. 7. Próximos julgamentos e identidade da prestação do serviço com a obrigação de fazer ... 140

VIII. 8. Conclusão parcial ... 145

CONCLUSÕES ... 147

BIBLIOGRAFIA ... 151

SUMÁRIO ... 159